安徽乡镇（2025）高质量发展报告

ANHUI XIANGZHEN（2025）
GAOZHILIANG FAZHAN BAOGAO

汪名昆◎主编

合肥工业大学出版社

图书在版编目（CIP）数据

安徽乡镇高质量发展报告.2025/汪名旵主编. --合肥:合肥工业大学出版社,2025. --ISBN 978 - 7 - 5650 - 5690 - 1

Ⅰ. F299. 275. 4

中国国家版本馆 CIP 数据核字第 202593DK12 号

安徽乡镇高质量发展报告(2025)

汪名旵　主编　　　　　　　　　　　责任编辑　张　慧

出　版	合肥工业大学出版社	版　次	2025 年 8 月第 1 版
地　址	合肥市屯溪路 193 号	印　次	2025 年 8 月第 1 次印刷
邮　编	230009	开　本	710 毫米×1010 毫米　1/16
电　话	人文社科出版中心:0551 - 62903205	印　张	10.75
	营销与储运管理中心:0551 - 62903198	字　数	110 千字
网　址	press. hfut. edu. cn	印　刷	安徽联众印刷有限公司
E-mail	hfutpress@ 163. com	发　行	全国新华书店

ISBN 978 - 7 - 5650 - 5690 - 1　　　　　　　　　　定价：68. 00 元

如果有影响阅读的印装质量问题,请与出版社营销与储运管理中心联系调换

《安徽乡镇高质量发展报告(2025)》
编　写　组

主　编　汪名昱　戴　炜

副主编　王运宝　曹芬芬　魏　越　王　倩

成　员　周其淋　涂有钊　欧　磊　姚成二　安　蔚　许盼丽　吴明华　胡　磊　纪海涛　王碧琦　舒晓东

前　　言

　　2025 年中央城市工作会议提出，分类推进以县城为重要载体的城镇化建设，继续推进农业转移人口市民化，促进大中小城市和小城镇协调发展，促进城乡融合发展。这为构筑新型城乡关系指明了方向，也是推进乡镇高质量发展的根本遵循。乡镇作为我国城镇体系中最基本的地域综合体，是经济、社会、文化等活动的聚集地，既承担着经济发展的基础重任，也是促进城乡融合发展的关键一环。

　　对乡镇高质量发展进行研究，有助于系统评估乡镇在经济发展、社会治理、民生保障、城乡融合等多维度的竞争力，为全面了解乡镇现阶段的发展水平、优势与不足提供数据支持；有助于乡镇明确自身在全省位置，识别产业特色和比较优势，为精准施策夯实基础。同时，对"先发乡镇"在产业升级、特色农业、乡村旅游等方面的重点举措、发展模式进行分析报告，也能够为其他"潜力乡镇"确定下一步发展方向提供借鉴参考，有助于促进全省乡镇经济结构优化，提高乡镇治理效能。

　　2023 年，安徽创新发展研究院（决策杂志社）联合安徽省统计局农村统计处成立课题组，首次对安徽乡镇经济高质量发展开展研究，进行安徽乡镇综合竞争力评价。2024 年，联合课题组在上一年度研究基础上进一步扩大研究范围、拓展研究深度，并将相关研究内容编撰成书。2025 年是连续第三年对全省乡镇发展进行综合评价和研究，本次在前两年的基础上对评价体系进行了进一步优化，更能立体全面地呈现全省乡镇发展的最新态势和亮点。全书以安徽省所有乡镇为研究对象，梳理乡镇经济发展整体情况，总结强镇发展经验及一般规律，提出乡镇高质量发展方略，以期为安徽统筹推进乡镇经济高质量发展提供咨询参考。

　　本书在出版过程中得到了安徽省统计局、安徽省人民政府发展研究中心、安徽财经大学、合肥工业大学出版社等单位的指导与支持，在此一并表示感谢。由于研究水平有限，书中难免存在不足之处，敬请各位读者不吝指正，以期不断完善。

本书编写组

目　　录

第一章　小镇大力

激活乡镇发展"细胞"，做强镇域经济"板块"，是统筹推进新型城镇化和乡村全面振兴、缩小城乡差距的关键牵引。安徽省立足省情农情，长期将乡镇经济作为关键支点，形成了一系列富有成效、独具皖韵的"安徽路径""安徽智慧"和"安徽方案"。立足新发展阶段，安徽乡镇发展既面临体制机制改革走深走实、区域协调发展纵深推进、科技变革赋能高质量发展等重大机遇，也需应对资源环境约束趋紧、区域竞争加剧等新挑战。深入探析其高质量发展新特征、新规律，对持续擦亮"皖"字招牌、更高起点推进中国式现代化安徽实践具有重要现实意义。

第一节　乡镇经济发展的安徽实践

近年来，安徽统筹推进新型城镇化和乡村全面振兴，促进城乡融合发展，推动乡镇发展动能澎湃、面貌焕新。截至 2024 年 12 月 31 日，安徽省乡镇总数 1235 个，其中镇 1011 个、乡 224 个（含 7 个回族乡、1 个回族满族乡、1 个畲族乡），镇乡比例为 4.51∶1，显著高于全国平均水平（3.06∶1）①。乡镇总户数为 1724 万户，户籍人口 5730 万人，占全省总户籍人口 90% 以上；总行政区域土地面积 1293 万公顷，占全省行政区域土地面积 92% 以上。这些侧面反映安徽省城镇化水平的实质性提升，乡镇发展"筋骨"更壮、成色更靓、底色更足。

一、工业强镇突围，带动区域协同发展

产业是乡镇经济繁荣发展的基石，而工业是乡镇经济的核心驱动力。经过多年的发展，安徽涌现出了一批产业相对集中、规模相对较大、市场占有率相对较高、就业带动性相对较强的特色工业强镇，形成"强镇引领、区域联动"的发展格局。

---

① 根据民政部 2024 年第四季度统计数据，全国乡级行政区划单位中镇的数量为 21463 个，乡的数量为 7023 个。

（一）以"一镇一业"为抓手，聚力培育本土特色制造业

安徽省以"一镇一业"为发展，鼓励和支持有基础的乡镇，立足资源禀赋和传统技艺，聚焦一个主导产业"久久为功"，逐渐形成一批独具特色且极具竞争力的产业集群。如界首市田营镇的再生铅冶炼及深加工产业、潜山市源潭镇的小刷子产业、太和县肖口镇的再生金属回收利用产业、天长市秦栏镇的电子元器件产业、桐城市新渡镇的塑料包装产业、无为市高沟镇的特种电缆产业等，这些"块状经济"在乡镇层面形成了强大的产业集聚效应，不仅降低了综合成本，而且塑造了鲜明的区域品牌影响力。

（二）以"链式思维"为路径，推动"小作坊"迈向"大集群"

安徽省鼓励和支持各乡镇坚持全产业链布局，破解乡镇产业"小散弱"发展困局。通过建链补链强链拓展乡镇主导产业上下游、完善产业链，形成"串珠成链"优势，增强产业抗风险能力；通过靶向招商，大力引进链主企业，以"龙头引领、配套跟进、集群发展"的路径，推动乡镇产业从单一生产环节向全产业链拓展，从分散经营向集群协同跃升，形成"一个主导产业带动一个产业生态"；通过品牌化运作与市场化营销，持续扩大产品知名度，推动产品从"卖产品"向"卖品牌"转变，为乡镇经济注入强劲动能。依托集群化发展路径，长丰县下塘镇、肥西县桃花镇、庐江县泥河镇、舒城县杭埠镇、全椒县十字镇等一批乡镇跃升为百亿元级，甚至千亿元级产业集群镇。

（三）以"适配图谱"为导航，精准有效承接产业转移

安徽省充分发挥统筹作用，支持各乡镇主动融入长三角一体化、中部地区崛起等国家战略，利用区位、成本、政策等比较优势，积极承接沪苏浙等发达地区产业外迁，重点承接与本地发展契合度高、带动性强的技术密集型、劳动密集型等富民产业；通过建设省级开发区配套园区、省际合作园区、乡镇特色产业园等平台载体与提供政策扶持等举措，吸引外出务工人员返乡创业就业，实现"家门口"增收。比如，定远县张桥镇依托本地10万在外纺织从业人员的资源优势，抢抓沪苏浙纺织产业外迁转移机遇，于2021年规划建设轻纺产业园，目前已引进江苏省苏州市盛泽镇、黎里镇和太仓市璜泾镇等地的纺织企业近40家。园区全面投产运营后，年产纺织品30亿米，年产值达57亿元，年利税7000万元，可带动稳定就业5000多人。

（四）以"配套深耕"为路径，嵌入区域产业生态

安徽聚力推进乡镇差异化发展，鼓励支持大城市周边乡镇依托资源禀赋和区位条件，对接城市需求、服务城市发展，借力发展现代都市农业和多元乡村经济，协同提升公共服务水平，逐步发展成为功能明确、协作配套的卫星镇。鼓励支持有资源条件与发展基础的乡镇主动对接区域核心产业，锚定符合自身禀赋的细分赛道，通过精准定位自身在区域产业链中的分工，发展成为其不可或缺的配套环节或卫星产业基地。如皖江城市带的芜湖、马鞍山、宣城、滁州等地乡镇，通过嵌入长三角产业分工体系，重点发展汽车零部件、装备制造、电子元器件等配套产业，形成"园区+乡镇"联动发展模式。

二、特色农业筑基，夯实乡镇发展基石

安徽作为农业大省，农业始终是安徽发展的基础性产业，更是保障粮食安全、推动乡村振兴的关键载体，是大部分乡镇发展的基石。当前安徽省逐步构建起了特色鲜明、韧性强劲的乡镇农业发展体系。

（一）扛稳粮食安全责任，筑牢江淮粮仓根基

安徽省作为粮食生产大省，始终把粮食生产作为"三农"工作的首要任务，深入实施"藏粮于地、藏粮于技"战略，持续推进高标准农田建设，逐步把永久基本农田全部建成高标准农田，截至2024年底，已累计建成高标准农田6521万亩，占耕地面积的78.4%，为乡镇粮食生产提供坚实基础。推广应用良种良法、智能农机装备，高水平建设千亿斤江淮粮仓，千方百计促丰收。2024年，良种覆盖率达到98%以上，全省粮食总产再创新高，达到836.9亿斤，居全国第5位，实现"二十一连丰"。涌现出濉溪百善小麦良种、阜南会龙辣椒、怀远糯稻、霍邱龙虾等一批全国知名的粮食及优势特色农产品生产大镇，为保障国家粮食安全不断作出安徽贡献。

（二）做强特色农业板块，激活"土特产"经济活力

围绕"一村一品、一镇一业"思路，做好"土特产"大文

章，鼓励和支持乡镇立足资源禀赋，大力发展优势特色农业，形成"山区有特色、沿江有亮点、平原有效益"的区域格局。如皖西大别山区的乡镇大力发展茶叶（六安瓜片、岳西翠兰、霍山黄芽）、中药材（金寨茯苓、霍山石斛）、山珍等林下经济；皖南山区的乡镇重点发展特色水果（泾县水蜜桃、宁国山核桃、歙县三潭枇杷）、生态养殖等产业；沿江沿淮地区的乡镇壮大水产养殖（当涂河蟹、无为螃蟹）等；皖北地区的乡镇积极发展优质粮、特色果（砀山酥梨）。同时安徽乡镇注重品种培优、品质提升、品牌打造和标准化生产，全省"三品一标"农产品数量稳居全国前列，截至目前，安徽省获批国家地理标志保护产品数量共99个，"霍山石斛"连续8年入围中国品牌价值评价区域品牌（地理标志）百强榜，"长丰草莓"等品牌价值超百亿元，让乡镇"土产"变身"金品"。

（三）延伸农业产业链条，推动加工增值升级

安徽省高度重视农产品加工业发展，深入实施农产品加工业"五个一批"工程（培育一批强县、强园、领军企业、知名企业、影响力品牌），推动乡镇农业从传统种植到精深加工转型。重点推进粮食、油料、畜禽、水产、果蔬、茶叶、中药材、林特产品等特色产业，大力发展精深加工业，建设农产品产地冷藏保鲜设施，提升农产品商品化处理水平。鼓励企业加大科技投入，引进先进技术和设备，开发营养健康食品、方便休闲食品、预制菜、生物提取物等，持续提升农产品加工转化率。目前全省范围内形成了一批以乡镇为重要承载节点的特色农产品加工产业集群。如谯城区古井镇依托国家级农业产业化重点龙头企业古井集团，形成了"高粱种植—白酒酿造—包装配套—物流运输—文化旅游"的完整产业链条，成为皖北地区农产品加工转化的典范；埇桥区符离集镇围绕"符离集烧鸡"国家地理标志产品，构建了从种鸡繁育、肉鸡养殖、标准化屠宰、卤制加工、冷链物流到品牌营销的全产业链体系，辐射带动周边多个乡镇发展。

（四）注重园区承载建设，提升农业集聚效应

同工业集群化发展一样，安徽还注重推动农产品加工业的集群化、集聚化建设。以皖北绿色食品产业集群、长三角绿色农产品生产加工供应基地建设为抓手，引导农产品加工企业向县域产业园区、乡镇工业集中区集聚。截至 2024 年底，长三角绿色农产品生产加工供应基地共 450 个。支持乡镇立足资源禀赋，建设专业化、特色化的农产品加工园区或"园中园"，吸引上下游企业入驻。如临泉县依托丰富的粮食和蔬菜资源，在宋集镇、韦寨镇布局脱水蔬菜加工园；霍山县在太平畈乡建设石斛深加工基地，汇聚了 700 多家霍山石斛相关企业，年产值更是突破了 20 亿元大关。

（五）培育新型经营主体，完善利益联结机制

安徽将新型经营主体培育作为乡镇农业发展的"牛鼻子"，通过政策引导、资金扶持、示范引领，大力培育家庭农场、农民合作社、农业产业化龙头企业等新型农业经营主体。截至 2024

年底，家庭农场数量达 34.3 万个，居全国第 1 位；农民合作社达 11.5 万个，居全国第 4 位；各类农业社会化服务组织 5.6 万个，居全国第 6 位。为进一步提高新型农业经营主体联结带动小农户的能力和水平。自 2025 年起，实施为期 3 年的新型农业经营主体培优行动，打造领航发展梯队。积极发展利益连接机制，通过订单收购、保底分红、股份合作、吸纳就业等形式，鼓励农户、村集体经济组织、新型农业经营主体、农业社会服务组织、农业龙头企业等构建多方共赢的利益联结机制，形成资源共用、利益共享、风险共担的联合体，为特色农业发展提供坚实组织保障。

（六）健全现代服务体系，畅通城乡流通渠道

安徽省着力提升乡镇商贸物流水平，完善县乡村三级物流体系，推进"快递进村"工程全覆盖。支持乡镇建设商贸中心、集贸市场改造升级，发展连锁经营、电子商务等现代流通方式，培育一批区域性农产品集散中心和专业市场。如亳州中药材市场、合肥周谷堆农产品批发市场辐射周边乡镇。大力发展农村电商，深入实施农村电商提质增效工程，建设完善县级电商公共服务中心、镇级服务站和村级服务点，培育本土电商平台和网红品牌，发展直播带货、社区团购等新业态。如砀山酥梨、怀远石榴、舒城茶油等农特产品通过电商平台畅销全国，催生了一批"淘宝镇""淘宝村"。拓展乡镇生产性服务业，推广"科技特派员+"制度，鼓励发展面向乡镇中小企业和农业经营主体的科技服务、信息服务、金融服务、商务咨询等生产性服务，让现代要素赋能乡镇农业，夯实乡镇发展的产业根基。

三、文旅融合破题，盘活潜在沉睡资源

安徽省山川秀美、文化璀璨，拥有发展文旅产业的天然优势。乡镇作为农文旅融合的核心载体，蕴藏着大量亟待激活的沉睡资源，一批特色文旅名镇凭借资源优势脱颖而出，成为乡镇经济增长的新亮点。

（一）突出地域特色与主题凝练，构建差异化发展路径

安徽省依据资源禀赋和区位条件，引导乡镇明确文旅发展主攻方向，避免同质化竞争。鼓励黟县宏村镇、西递镇，青阳九华镇等皖南地区的乡镇聚焦徽派建筑、徽菜、名茶、文房四宝、新安理学、新安医学等文化资源与黄山、九华山、新安江等核心景区辐射带动，重点发展集住宿、餐饮、购物、交通、娱乐等功能于一体的旅游服务承接区，集非遗展示、民俗活动、研学基地等业态于一体的文化体验延伸区，集徒步、骑行、康养等户外运动消费新场景于一体的休闲生态休闲缓冲区。支持皖西大别山区的乡镇彰显红色基因（革命老区精神）与绿色生态（原始森林、峡谷瀑布、高山康养资源），培育红色文旅小镇与生态康养小镇。如六安市金寨县花石乡依托习近平总书记考察地的红色印记和大别山腹地优质生态本底，打造红色旅游景点，年接待游客超百万人次。引导巢湖环湖地区、长江沿岸地区乡镇发挥滨水休闲与湿

地景观优势，建设生态湿地休闲小镇；鼓励皖北平原地区的小镇深挖中原文化、阜阳剪纸、凤阳花鼓、淮河锣鼓等民俗非遗资源与特色农业体验资源，打造民俗体验小镇与农耕研学小镇。

（二）推动农文旅深度嵌合，打造"田园经济"综合体

安徽省始终坚持促进一二三产融合发展，将农业生产过程、乡村生活场景、地方文化元素与旅游休闲功能深度融合，推动一产基地景区化、二产加工体验化、三产服务主题化，开发出文化研学、农耕体验、生态科普、康养度假、夜间休闲等多元化、沉浸式产品体系。如旌德县三溪镇以茶为媒，坚持农旅融合发展，以"茶园中疗愈生活"为主题，开发茶园观光、休闲度假、研学体验等旅游产品，把茶园变公园、茶山变金山，绘就农旅融合新景象；庐江县汤池镇依托珍稀温泉资源，整合周边万亩茶园、果园，构建"温泉康养+茶文化体验+四季采摘"产业链，建设温泉度假综合体、茶博园、标准化采摘园，开发特色体验项目，实现资源联动增值。

（三）探索跨界赋能，培育"农业+"多元业态

近年来，随着新技术、新模式、新需求的不断涌现，安徽以跨界融合为路径，推动农业与科技、文创等多元业态融合，为乡镇经济注入跨界融合新动能。"农业+科技"方面，推广物联网、无人机、智能装备等现代技术在农业领域的应用，提升农业生产效率、优化产品质量、实现生产过程的可视化。"农业+文创"方面，对拥有深厚历史文化底蕴或独特非遗技艺的乡镇，通过创意设计、科技应用与现代运营，实现传统文化的创造性转化和创新性发展。如阜南县黄岗镇，立足国家级非遗"柳编"技艺，构建"柳编产业+文旅体验"模式；宣城市泾县榔桥镇，利用中国宣纸文化园所在地优势，建设集宣纸古法生产展示、宣纸文化博物馆、名家书画创作基地、宣纸文创产品展示于一体的文化体验综合体。

（四）完善旅游保障体系，提升综合承载能力

构建畅通便捷的交通网络，重点推进乡村旅游公路提档升级、生态停车场建设、旅游风景道（如"皖南川藏线""大别山风景道"）沿线乡镇节点提升，实现"快进慢游"。实施"皖美民宿"工程，优化乡村民宿布局，推广"一宅两院""农舍经济"等民宿发展模式，对标国家旅游等级民宿、"皖美民宿"等标准，提升民宿品质和服务，推动"民宿+"产业发展，通过民宿的"诗意栖居"体验，有效延长游客停留时间，提升消费层级。如徽州区西溪南古村落民宿、黟县西递片区徽文化主题高端民宿群。

四、做强公共服务，优化乡镇发展环境

乡镇是连接城乡的关键节点，其发展环境的优劣直接关系区域协调发展质效。安徽围绕硬件升级、环境提质、服务下沉、效能提升等内容，系统推进乡镇公共服务供给能力建设，构建起支撑乡镇经济高质量发展的综合环境体系。

（一）持续完善乡镇基础设施，打通发展"大动脉"

围绕"城乡互联互通、功能配套完善"目标，安徽省以基础设施升级为突破口，构建覆盖乡镇、辐射村组的现代化基础设施网络。着力提升交通通达水平，积极推动乡镇公路建设，全力推进"四好农村路"提质升级，全省乡镇和建制村通硬化路率、通客车率均达100%，形成县道为骨架、乡道为支线、村道为脉络的农村公路网络体系，大部分乡镇到县城基本形成"一小时交通圈"。实施农村供水保障工程、电网巩固提升工程、信息网络覆盖工程，截至目前行政村5G网络通达率实现全覆盖，更好满足人民美好生活需要的内在要求。不断完善乡镇物流体系，建设"县乡村"三级物流体系，完善城乡物流快递末端设施布局，推动乡村电子商务和快递配送服务省域乡镇全覆盖，提升乡镇产品"出镇进城"效率。

（二）持续实施乡村建设行动，打造人居"好环境"

学习运用"千万工程"建设经验，推动乡镇人居环境整治与和美乡村建设深度融合，实现"环境美"与"发展美"协同提升。深入推进农村厕所、垃圾、污水"三大革命"，截至2024年底，累计完成农村改厕438万户，全省卫生厕所普及率达90%，农村生活垃圾收运环卫市场化率达100%、无害化处理率达83%，农村生活污水治理率达40.26%。重视保护传承乡村风貌，注重在乡村建设中保护传统村落、传统民居和乡村特色风貌，实施保护性修缮，避免千村一面。如皖南古村落、皖西大别山民居等得到有效保护和活化利用。

（三）持续推动公共服务下沉，筑牢民生"保障网"

安徽近年来全力促进基本公共服务均等化，推动优质资源向乡镇延伸，缩小城乡服务差距，增强其吸纳农业转移人口和集聚产业的能力。持续推进义务教育优质均衡发展，改善乡村学校办学条件，加强师资队伍建设。公共文化服务体系日益健全，乡镇综合文化站和村级综合文化服务中心基本实现全覆盖，广泛开展群众性文化活动。体育健身设施网络不断延伸，"15分钟健身圈"在乡镇逐步形成。基层医疗卫生服务能力持续增强，标准化乡镇卫生院和村卫生室建设成效明显，紧密型县域医共体建设深化分级诊疗。养老服务体系建设加速，乡镇养老服务中心和村级养老服务站覆盖率稳步提高，探索多种模式满足农村老年人基本养老需求。

（四）持续提升政府服务效能，营造发展"软环境"

安徽持续深化乡镇（街道）管理体制改革，先后印发《关于加强全省乡镇街道综合行政执法规范化建设的意见》（皖司发〔2023〕33号）、《关于深化乡镇（街道）管理体制改革的意见》（皖办发〔2024〕17号）等政策文件，分类规范明确乡镇（街道）主要职能，差别化配置机构力量，推动乡镇（街道）扩权赋能，推进行政执法权限和力量向基层延伸，推进基层治理体系和治理能力现代化。开展"一企一策"专项服务，在乡镇层面设立或优化企业服务窗口（站、点），建立领导干部联系企业制度，畅通政企沟通渠道。完善乡镇政务服务中心建设，基于"皖事通办"平台，开通线上线下融合服务，推广"一站式"服务、"最多跑一次"、"互联网+政务服务"，打造"72 小时不打烊"政务服务模式，提升乡镇政务服务便利化水平。

五、改革赋能增效，破解要素瓶颈制约

安徽坚持以系统性改革破解乡镇发展要素制约，通过机制创新激活人才、资金、土地等核心要素，为乡镇经济高质量发展注入持久动力。

（一）创新人才内育外引机制，强化智力保障

将人才作为乡镇经济发展的重要资源，深入实施"凤还巢"工程，优化乡镇创业就业环境，鼓励高校毕业生、退役军人、外出务工经商人员等返乡入乡创新创业。如太和县、金寨县等地在有条件的乡镇建设高标准农民工返乡创业园，配套低成本厂房、仓储物流、员工宿舍等设施，叠加创业担保贷款贴息、税费减免等政策，培育返乡创业主体。大力培育本土人才队伍，实施"新农人"培育计划，通过技能培训、项目扶持等方式，培育高素质农民、乡村工匠、非遗传承人等乡土人才。完善人才激励机制，举办乡村振兴创新创业大赛、新农人创业创新大赛、乡土人才技能大赛，搭建人才展示交流平台，营造浓厚创业氛围。

（二）加大财政金融支持力度，强化资金保障

安徽省注重完善对乡镇财政金融保障，以财政资金撬动更多

金融和社会资本，同向发力支持乡镇发展。健全乡镇财政管理体制，加大对乡镇特别是欠发达地区乡镇的转移支付力度，保障基本运转和基本公共服务支出，设立乡镇经济发展专项引导资金或基金。推动金融服务下沉延伸，开展农村金融服务"村村通"，鼓励金融机构在乡镇设立服务网点，2024 年，安徽省涉农贷款余额达 2.49 万亿元。创新普惠金融产品，推出适合乡镇中小微企业、新型农业经营主体和农户的农村金融服务模式和产品。如金寨县创新"政府+银行+保险"风险共担机制，推出"劝耕贷"产品，以农村承包土地经营权、农民住房财产权等为抵押，提供无担保信用贷款；围绕粮食、种业、水产、徽茶、特色农产品等优势产业，推出"粮油贷""螃蟹贷""徽茶贷""石斛贷""青梅贷"等专属产品。

（三）深化农村综合配套改革，激发要素活力

深入推进土地制度改革，稳慎推进农村宅基地制度改革试点，深化农村集体经营性建设用地入市试点，盘活农村闲置低效用地资源，保障乡镇产业和项目合理用地需求。截至目前，入市地块 114 宗，成交金额 2.41 亿元。如金寨县梅山镇"农地入市"项目（2023 年 10 月 24 日，金寨花间堂酒店管理有限公司以 131.2 万元竞得金寨县梅山镇船冲村 1 宗 6.55 亩集体经营性建设用地，用于金寨花间堂精品民宿酒店项目建设）入选全国典型案例。积极深化农村集体产权制度改革，全面完成农村集体资产清产核资和股份合作制改革，推动资源变资产、资金变股金、农民变股东"三变"改革。发展壮大新型农村集体经济，探索出了物业租赁、乡村旅游、农业生产服务、联合发展等多种实现形式，增加村集体经济收入，增强乡镇和村集体服务农民、带动发展的能力。

第二节 乡镇经济发展的安徽基础

经济数据是经济运行状态的"晴雨表"，是乡镇经济发展水平的最直观表现。从 2024 年安徽省乡（镇）社会经济基本情况统计资料、2024 年村社会经济基本情况（含涉农居委会）统计资料等数据中梳理发现，全省不同区域的乡镇经济发展齐头并进，产业发展取得明显进步，基础设施显著改善，民生保障与社会事业持续投入，乡村治理水平有效提升。同时，乡镇间发展不平衡依然明显，一定程度上存在经济实力差距显著、产业生态不均衡、基础设施与服务梯度明显等问题。

一、地方一般公共预算收入

2024 年，全省乡镇实现地方一般公共预算收入 554.55 亿元，占全省的 13.7%，持续发挥支撑作用。尽管收入保持增长态势，但同比增幅仅为 0.39%，明显低于全省整体同比增速（2.6%），发展新动能仍需加力提升。

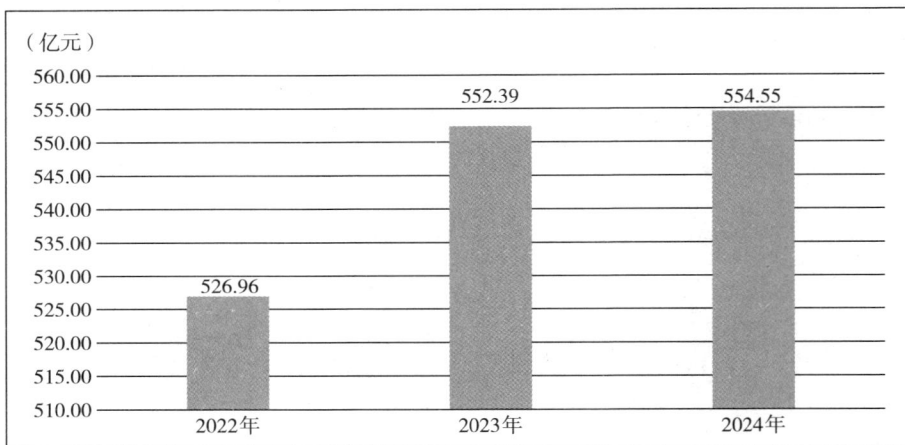

图 1　2022—2024 年全省乡镇一般公共预算收入

　　从乡镇个体经济规模看，仅 126 个乡镇地方一般公共预算收入突破 1 亿元。其中，多数"亿元镇"难以突破 5 亿元门槛，实

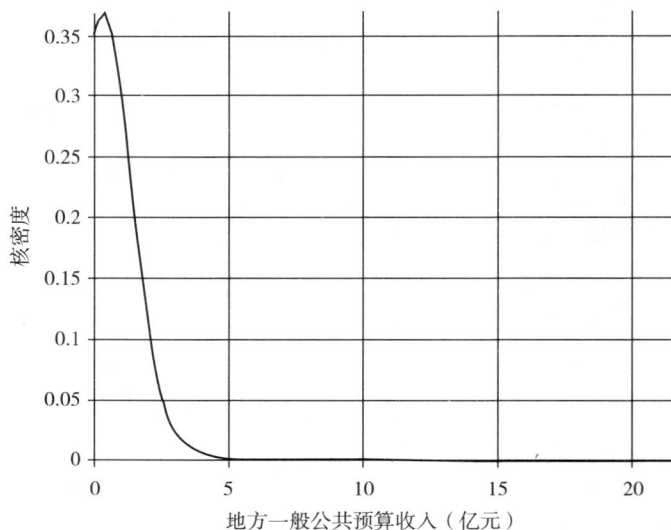

图 2　2024 年全省乡镇地方一般公共预算收入分布情况核密度图

现地方一般公共预算收入 5 亿~10 亿元的乡镇仅 6 个，实现地方一般公共预算收入超 10 亿元的乡镇仅 3 个，地方一般公共预算收入超 20 亿元的乡镇仅 1 个，且与其他乡镇形成断层差距，凸显核心增长极稀缺性与区域发展不平衡。

二、规模经济实现水平

（一）从企业数量上看

2024 年，全省乡镇规模以上企业总数达 25846 家。数据显示，乡镇间发展差异显著：仅占全省乡镇总数 4.3% 的头部乡镇（其规模以上企业数量均超过 100 家），贡献了全省乡镇 35.6% 的规模以上企业。其中，3 个乡镇规模以上企业数量达到 300 家以上，成为县域经济的重要增长极。

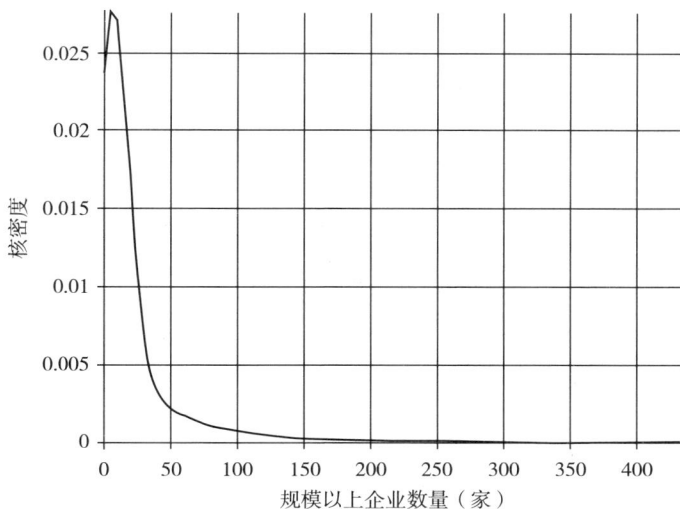

图 3　2024 年全省乡镇规模以上企业分布情况核密度图

然而，95.7%的乡镇规模以上企业数量均不足100家，凸显全省绝大多数乡镇规模经济仍相对薄弱。其中，尚有占比6.6%的乡镇处于"规上真空"状态，即辖区内暂无任何规模以上企业分布。推动后进乡镇培育市场主体、实现"规上"企业零的突破，将是促进区域协调发展的重要任务。

（二）从企业收入上看

工业单极突进。工业是驱动乡镇经济升级的核心引擎。数据表明，强镇对全省增长贡献显著：2024年，全省乡镇规模以上工

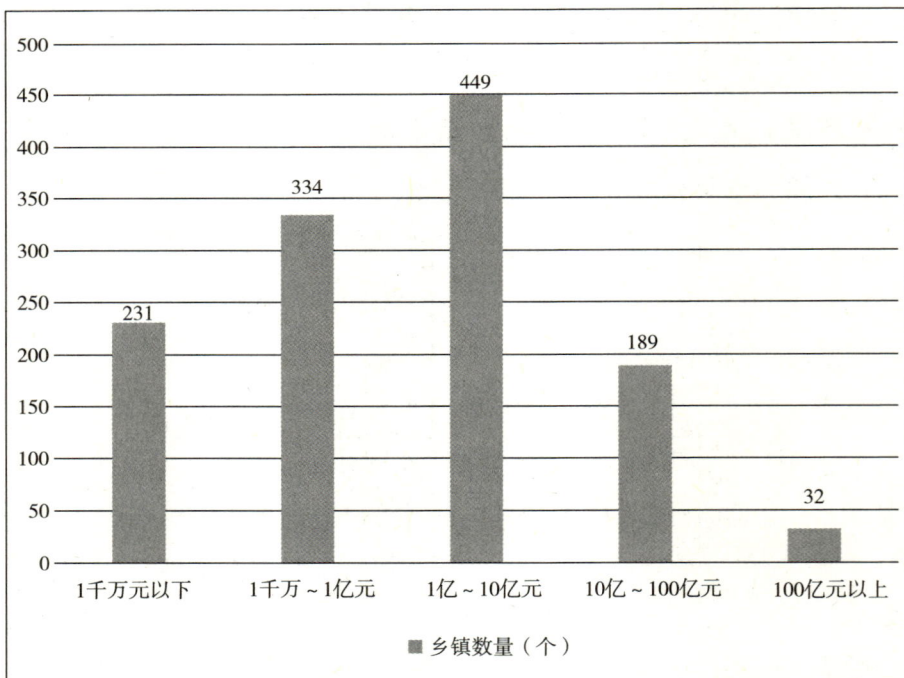

图4　2024年全省乡镇规模以上工业企业营收分布情况

业营业收入突破 1.6 万亿元，共 32 个乡镇规上工业营收突破百亿级，占全省乡镇总数仅 2.6% 的规上工业营收百亿元以上乡镇，贡献了全省 53% 的规上工业营收总值，凸显其关键支撑作用。其中，肥西县上派镇、长丰县下塘镇两大头部乡镇表现尤为突出，规上工业营收已突破千亿元，成为乡镇工业经济的重要支柱。然而，近半数（46%）乡镇的规上工业营收不足 1 亿元，与头部乡镇形成巨大落差。这种"强者愈强、弱者愈弱"的马太效应，折射出乡镇间工业发展呈现梯次分化格局。

商贸流通有待提升。2024 年，全省乡镇限额以上批零住餐企业营业收入达 4660 亿元，数据分布呈现"头轻脚重"特征：76.8% 的乡镇限额以上批零住餐企业营业收入不足亿元；43.5% 的乡镇限额以上批零住餐企业营业收入不足千万元或缺

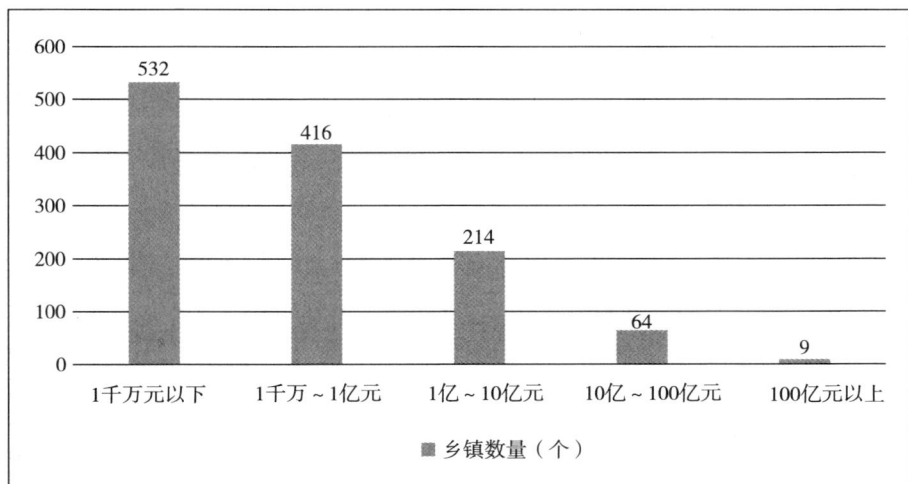

图 5 2024 年全省乡镇限额以上批零住餐企业营业收入分布情况

失限额以上批零住餐企业。交通、冷链、仓储等基础设施的"硬约束"，经营主体规模小、分散化、组织化程度的"软约束"，以及供需匹配不畅和消费潜力未充分释放的结构性矛盾等问题，制约着多数乡镇消费市场的规模与活力。部分乡镇，如谯城区古井镇、凤阳县刘府镇等受白酒产业生态、再生资源市场的规模优势等拉动，限额以上批零住餐企业营业收入相对居前。

服务业存在明显短板。2024 年，全省乡镇规上服务业企业营业收入达 1312 亿元。数据分布上，呈现高度左偏特征，约 71% 的乡镇没有规模以上服务业企业或企业规上服务营收不足千万，约 25% 的乡镇营收低于亿元，仅 2.2% 的乡镇营收超 10 亿元，超 100 亿元的乡镇仅有 1 个。服务业规模效应仅限极少数乡镇，大量乡镇受本地市场容量不足、企业资源缺失、市场

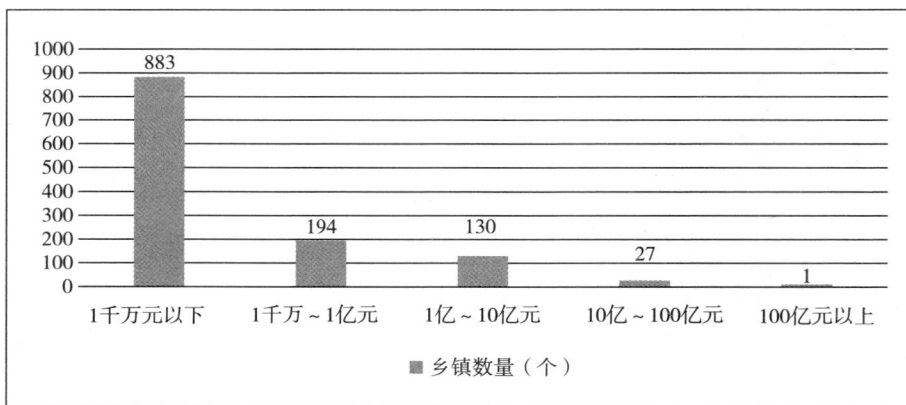

图6　2024 年全省乡镇规模以上服务业营业收入分布情况

需求缺失、要素支撑缺失等因素限制，尚未形成有效的服务业产业生态。

（三）从增速上看

乡镇规上工业"冷热不均"。2024 年，全省乡镇规模以上工业营业收入同比下降 9.15%。少数乡镇依托产业创新、制度创新实现跃升式增长，比如义安区东联镇成立全省首个乡镇级"企业发展服务中心"，通过创新"逢 8 必问"工作法，配套产业工人子女就学、急救就医绿色通道等方式完善产业发展环境，规上工业营业收入实现大幅增长。但与此同时，部分传统资源型乡镇则陷入衰退。仅 42% 的乡镇规模以上工业营业收入呈上升趋势，负增长乡镇占比 58%，这显示出负增长乡镇规模以上工业抗风险能力相对脆弱。

传统实体商业大规模退场与新消费形态萌芽同步发生。2024 年，全省乡镇限额以上批零住餐企业营业收入同比下降 21%。包河区大圩镇、郎溪县十字镇等头部乡镇维持稳健增长，但 56% 乡镇是负增长，部分脆弱乡镇陷入持续性萎缩，降幅达到 82.75%。

乡镇规模以上服务业企业增长整体萎缩。受需求不足、消费降级等宏观经济环境疲软因素影响，全省大多数乡镇规模以上服务业企业增长整体萎缩。仅铜陵市郊区大通镇、无为市高沟镇、包河区泏河镇等 205 个"亮点"乡镇受益于特定优势，如区位红利、政策扶持或新兴服务业等，依旧保持正增长。

三、工业企业主体数量

2024 年，全省乡镇工业企业总数达 84690 家，较上年增长 1.8%，较 2022 年增长 11.15%。从数据分布上看，占全省乡镇总数仅 1% 的头部乡镇，贡献了全省 15% 的工业企业，平均每个乡镇工业企业超 500 家，已形成显著规模优势。然而，超六成（65%）乡镇受限于资源禀赋薄弱、基础设施配套不足等瓶颈，工业企业数量不足 50 家，工业化进程相对滞后。

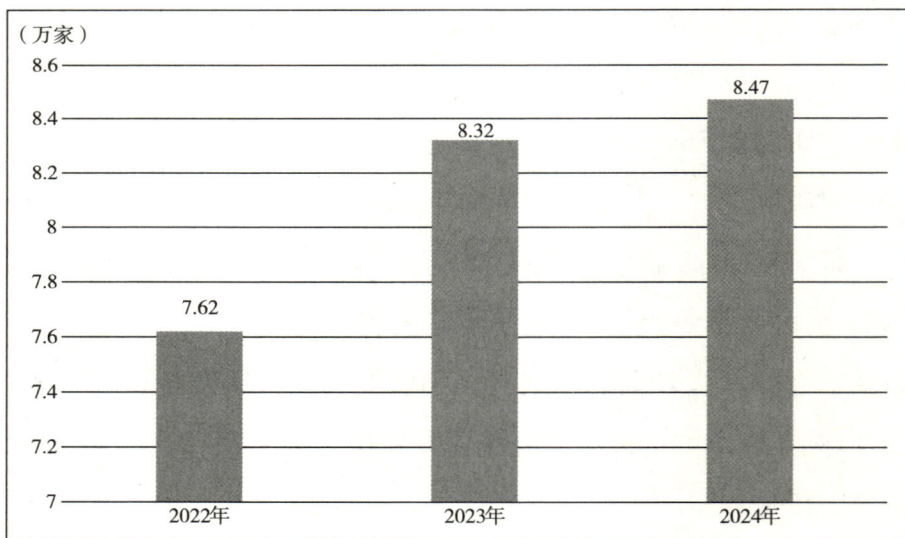

（万家）

图 7　2022—2024 年全省乡镇工业企业数量

四、农业企业主体数量

2024 年，全省乡镇农业企业数量达 25345 家，覆盖广泛，

95％的乡镇均有农业产业发展基础。7.7％的乡镇农业企业达50家及以上，地区农业规模化生产基础扎实。2024年，全省乡镇农产品加工企业数量达15625家，多数乡镇通过规模化生产和加工协同，展现产业化潜力，为特色农产品开发和乡村振兴提供标杆。但农业产业发展上依旧存在产业化水平低的问题，全省乡镇农产品加工企业中位数仅为6，且62％的乡镇农业加工企业少于10家，表明多数乡镇仍处于"小散弱"状态，缺乏规模效应，难以降低生产成本或对接大市场。甚至，10％的乡镇有农业企业但缺乏农业加工企业，加工环节相对滞后，直接影响到农民增收等问题。

表1　2024年全省乡镇农产品加工企业数量分布

农产品加工企业数量区间	乡镇数量（个）	占比	说明
零企业（值=0）	107	9％	无加工企业
低数量（1≤值≤10）	652	53％	加工能力薄弱
中等数量（11≤值≤50）	428	35％	初步产业化
高数量（值>50）	38	3％	产业化程度相对较高

五、商业基础设施建设

2024年，全省乡镇商品交易市场数量达到2743家，营业面积50平方米以上的商店或超市达99865家。基础商业整体覆盖良好，11％的乡镇人均店数达300家/千人，7.7％的乡镇营业面积50平方米以上的商店或超市超200家，可能形成跨乡镇消费中心，吸引周边人口。但部分地区仍然存在短板。4％的乡镇尚不存在营业面积 50 平方米以上的商店或超市、20% 的乡镇尚不存在商品交易市场。超万人地区中，30% 的乡镇营业面积 50 平方米以上的商店不足 20 家，反映这部分乡镇商业承载能力薄弱。

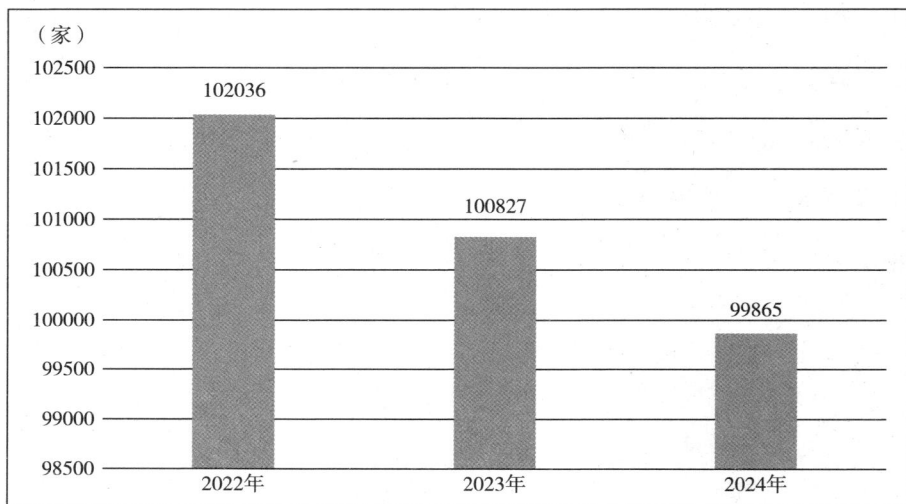

图 8 2022—2024 年全省乡镇营业面积 50 平方米以上的商店或超市数量

六、村集体经营收益

2024 年，全省乡镇 32% 的村实现集体经营收益达 50 万元以上，村集体经济实力和农民获得感有了进一步提升。共 342 个乡镇集体经营收益达 50 万元以上的村占比达 50% 以上，其中，48 个乡镇实现全部村集体经营收益达 50 万元以上。但仍有 321 个乡镇集体经营收益达 50 万元以上的村占比不足 10%，反映出这些乡镇村集体经济相对偏弱。

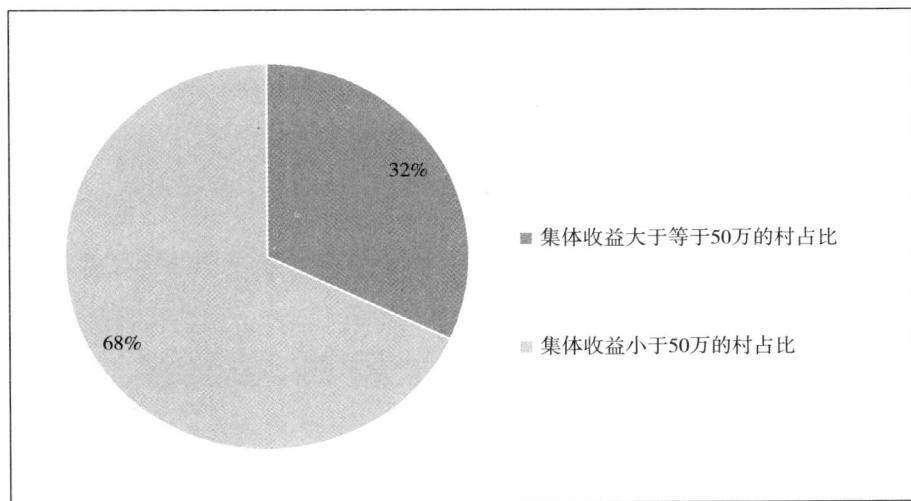

图 9 2024 年全省乡镇集体经营收益达 50 万元以上的村占比

七、公共设施普及程度

2024 年，全省乡镇自来水用户占总户数平均比例达 81%，261 家乡镇实现全覆盖，56.5% 的乡镇自来水用户占总户数比例达平均值以上。管道燃气用户占总户数平均比例达 8.5%，33 个乡镇实现管道燃气用户全覆盖。通 5G 的村平均占比 93.65%，79.4% 的乡镇全部实现通 5G，82% 的乡镇达 93.65% 以上。通公交的村平均占比达 92.38%，832 家乡镇各村全部通公交。有体育健身场所村平均占比达 97.63%，83% 的乡镇村庄均建有体育健身场所。除 21 个乡镇以外，全省其余乡镇均拥有文化站，共 1329 家。有农村养老服务机构和设施的村平均占比达 36.45%，1119 个乡镇超过一半的村均建有养老服务机构和设施。

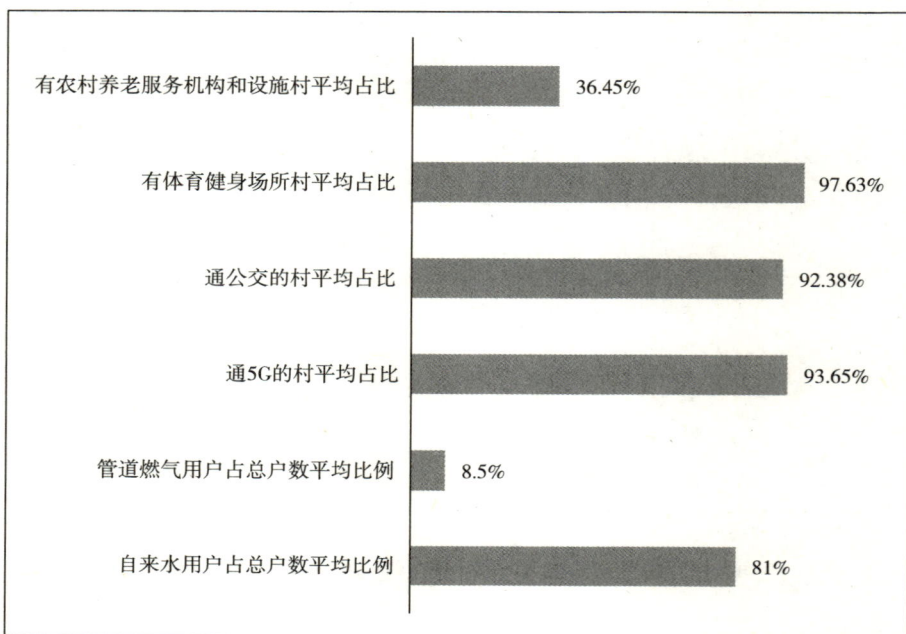

图 10　2024 年全省乡镇基础设施普及程度

八、农村居民家用汽车普及率

农村居民家用汽车普及率是农民收入水平的间接指标，2024年，全省乡镇农村居民家用汽车普及率平均值约 47.11%、中位数约 47.62%。数据表明，整体上乡镇近半农村居民拥有家用汽车，侧面反映出这部分乡镇农民收入达到中等水平，能负担基本消费升级。部分乡镇农民生活更为富裕，比如，28 个乡镇的农村居民家用汽车普及率达到 80% 以上。但仍有 3% 的乡镇农村居民家用汽车普及率不足 10%，农民收入有待进一步提高。

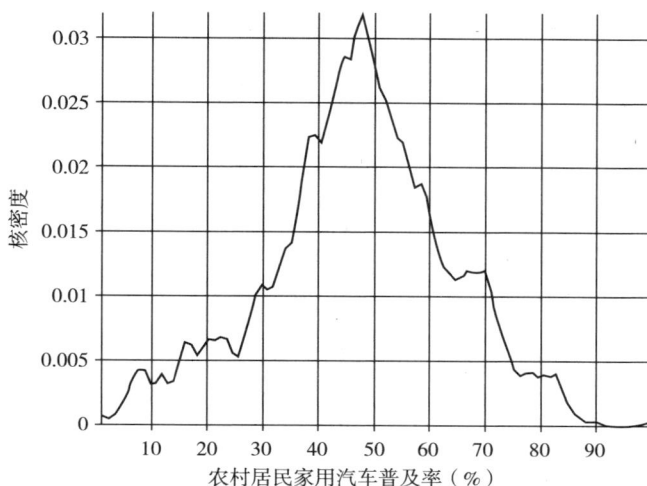

图 11　2024 年全省乡镇农村居民家用汽车普及率核密度图

九、医疗卫生及社会保障

2024 年，全省乡镇卫生院 1303 家，村卫生室 15555 所，社区卫生服务中心 364 家，社区卫生服务站 1461 所，其中达到二级综合医院服务能力水平的乡镇卫生院和社区卫生服务中心 191 家，建成社区医院 205 家，基本实现了建制乡镇、街道基层医疗卫生机构全覆盖以及行政村、社区基本医疗卫生服务全覆盖。

2024 年，全省乡镇城乡居民基本医疗保险参保率平均达到 75.43%，城乡居民基本养老保险参保率平均达 49.46%。医疗保险参保率高于养老保险，原因可能在于乡镇层面基本医疗保险政策，如新农合等，由于其"普惠性"和即时受益特征，更容易吸引参保。相反，养老保险因缴费周期长、农民收入不稳定或政策宣传不足，导致参与意愿低。省域内各乡镇参保率差异较大，部分乡镇城乡居民基本养老保险参保率不足 40%，而部分高达 80% 以上，可能源于经济发展不均衡、地方政府执行力差异或资源分配倾斜等因素。

十、基层治理水平

2024 年，全省共 1511 个乡镇（街道）设置综合执法机构，28 个乡镇（街道）开展行政执法规范化建设试点。乡镇有综合服务站的村平均占比达 99%，绝大多数地区已实现综合服务站全域覆盖，基层服务设施建设成效显著，为治理提供稳定物理支撑。全省乡镇县级及以上民主法治示范村平均占比达到 40.9%，45% 的乡镇达到均值以上，超半数乡镇仍有提升空间。

第三节　乡镇经济发展的新趋势

乡镇的发展水平和治理效能，关乎统筹推进新型城镇化和乡村全面振兴、推动城乡融合发展重大战略的实施，是构建新发展格局、推进中国式现代化的重要支撑。新时代乡镇发展正处于战略机遇与使命重构的关键时期，对全面推进乡镇发展提出了新的要求和新的挑战，认清乡镇在新时代发展中的地位，研判乡镇新时代面临的发展形势显得尤为重要和迫切。

当前乡镇经济生态呈现系统性变革，财税体制优化激活内生发展动力，治理权责重构提升行政效能；数字技术深度嵌入催生治理范式创新，科技创新驱动产业体系升级。跨区域协作机制打破行政壁垒，多元主体协同重塑共建共治格局；公共服务供给侧改革推动业态融合创新。这些变革趋势相互交织，共同指向乡镇从传统管理向现代治理、从单向依赖向多维创新的深刻转型，为城乡融合发展注入持续动能。

一、新质生产力促使乡镇从"产业制造"转向"产业智造"

2024 年中央经济工作会议明确提出要深入实施创新驱动发展战略，大力发展新质生产力。新质生产力是以科技创新为核心驱动力，突破传统要素驱动路径，具备高科技、高效能、高质量特征的先进生产力形态。其作为推动高质量发展的核心引擎，正为乡镇经济注入强劲动能。

在发展新质生产力的过程中，通过技术革新、要素重组与生态重构三维驱动，传统制造业的内生动力进一步被激活。数智化转型与产业高端化加快推进，在智能制造方面，工业互联网与数字孪生技术构建出全息映射的生产体系，能够以实时数据优化工艺流程，提升制造柔性。在绿色转型方面，清洁能源替代与循环生产模式加速落地，碳足迹全周期管理成为产业竞争新标尺。在协同创新方面，产业集群级工业云平台打破数据壁垒，推动研发设计与制造端双向赋能，形成从设备级数字孪生体到产业集群级协同优化的多层次跃迁，不断向高附加值和高技术含量价值链环节攀升。

农业进入以新质生产力驱动的新阶段。生物育种、人工智能、数字化等先进技术将重构农业生产体系。AI+智慧农业产业应用覆盖农业种植、农业养殖、农业灾害防治、农产品质量安全追溯、农业物流、农业金融、农业监管和服务等多个领域，成为农业科技变革的新引擎。例如，无人机植保、遥感监测、智能灌溉等技术在粮食主产区广泛应用，显著降低了人力成本与资源消耗；通过数字化管理系统实现生猪养殖全程可追溯；利用物联网技术实时监控禽舍环境，降低疫病风险。数智技术溢出效应充分发挥，云直播、云发布、云签约、云采购等乡村产业数字营销模式不断涌现，乡村产业全产业链环节数字化改造提速。元宇宙农业、数字金融、数字商务、智能物流等新的经济增长点不断被探索，推进农业向"接二连三"和功能拓展的大农业转型升级。农村公共资源数字化交易平台进一步优化，乡村产业发展的资源将在更大的市场和市场主体之间对接。

二、数字化转型促使乡镇从"被动兜底"转向"主动创治"

2021 年印发的《中共中央　国务院关于加强基层治理体系和治理能力现代化建设的意见》明确提出整合基层数据资源，建立跨系统数据共享交换机制。党的二十大进一步要求加快建设网络强国、数字中国。数字化技术普及，为基层治理提供了工具支撑，使基层治理从"被动兜底"转向"主动创治"、从"人力密集型"升级为"智慧效能型"。

对乡镇政府而言，一要把握"数字化"转型给基层治理带来的"效能"革命机遇，将大数据、云计算、移动互联网、人工智能、区块链、元宇宙、VR/AR 等数字技术运用到基层治理各领域，使得基层治理逐步实现"可感知、可预测、可跟踪、可视化"，提升基层治理效能。二要提升基层治理多元主体的数字化水平。这包括缩小数字鸿沟，增强广大治理主体的数字化素养。政府行政机构、涉农企业、乡村能人以及普通农户等多元社会主体，都需要接受数字意识和思维的培养，以建立数字化治理的观念。三要推动基层治理全面而迅速地向数字化转型。通过数字场景的应用、建设运营管理和保障体系的建设，推动数字化治理体系的完善。同时，要不断挖掘数字化治理的应用潜力，培育乡村数字经济，发展新业态，推动农村电子商务的繁荣。此外，还应利用数字治理手段推动基层智慧党建、政务服务信息化建设、智能化村务管理以及基层综合信息化治理水平的提升。四要加快基层数字技术基础设施的建设，加速推进 5G、农业物联网等新型基础设施的建设，优化升级农业全产业链条和农村信息服务等数字装备。通过推动数字技术赋能产业发展，缩小欠发达地区的数字化差距，全面提升基层数字基础设施的整体水平。

三、区域经济一体化促使乡镇从"单打独斗"转向"协同发展"

乡镇政府行政管理与经济发展呈现相对独立的状态。传统的乡镇发展模式，较少与相邻镇街、产业园区或周边区域协同联动和资源共享，一定程度上限制了发展。乡镇之间资源分散、重复建设、恶性竞争，规模效应难以形成。在追求高质量发展的今天，单打独斗的模式已无法适应复杂的经济生态和激烈的区域竞争。因此，独立发展向协同发展转变成为突破发展瓶颈的关键。协同发展体现在多个维度：纵向上，积极争取市、区县等上级政府的政策倾斜、资源支持和业务指导；横向上，打破行政藩篱，与相邻镇街、功能区建立紧密合作关系。

一方面，乡镇之间跨越行政区域范围，通过建立跨行政区域合作发展新机制，开展经验交流、资源共享，共同解决经济发展中的共性问题。例如，上海市嘉定区安亭镇、江苏省昆山市花桥镇和上海市青浦区白鹤镇组成"安花白"城镇圈，积极响应长三角一体化发展战略。三地充分发挥各自优势，共同构建以世界级汽车产业中心、现代商务区、现代农业为引领的高能级新兴产业体系。通过产业协同，整合汽车研发、制造、销售等产业链环节，推动现代商务服务与产业发展深度融合，同时发展特色现代农业，实现产业多元化发展。在公共服务方面，三地推进交通互联互通、教育资源共享、医疗服务协同，成为长三角一体化发展、深度融合的示范样板。

另一方面，与产业园区、企业等市场主体之间合作，实现要素资源共享，以提供更加精准的营商服务和支持。比如，北京市海淀区中关村街道携手清华大学等高校，搭建中关村街道校地结合"创新工坊"平台。该平台有效整合街道内资源，构建高校、企业、街道三者之间的综合服务平台。高校为企业提供前沿科研成果与专业人才支持，企业为高校提供应用场景与资金支持，街道则发挥协调服务作用，促进产学研深度融合。其加速科技成果转化，培育创新型企业，提升区域创新能力与经济活力。

四、财税制度改革促使乡镇从"被动输血"转向"主动造血"

财政资源是基层治理的"血液"。当前，宏观经济增速趋缓、传统税源增长乏力，乡镇财政收入端承压；人口结构压力、债务付息负担沉重，乡镇财政支出端刚性增长；加之事权与财权不匹配、预算管理制度有待完善等原因，许多乡镇财政处于"紧平衡"甚至"弱平衡"状态。部分乡镇财政高度依赖上级转移支付，形成了"等、靠、要"的思维定式。"先有资金、后定项目""基数+增长"的预算编制方式，本质上是一种被动、保守的资源分配逻辑，难以激发基层主动谋划、培植财源的积极性。

国家层面敏锐地洞察到这一问题，政策导向发生重大转变。

《2025年国务院政府工作报告》首次将"零基预算改革"写入其中，并提出要"加快推进部分品目消费税征收环节后移并下划地方，增加地方自主财力"。"积极探索建立激励机制，促进地方在高质量发展中培育财源。"这些举措具有深远意义：零基预算改革彻底打破"基数+增长"的路径依赖，要求每年预算编制从"零"开始，根据实际需求、项目绩效和轻重缓急重新评估所有支出。这迫使基层政府必须更加精打细算，优化支出结构，将有限资金用在刀刃上，同时倒逼其主动思考如何"开源"。消费税后移与地方化将部分消费税的征收环节从生产/进口环节后移到批发或零售环节，并将这部分税收划归地方，直接增加了地方的税收分成。这相当于为地方开辟了一条与本地消费活力挂钩的、相对稳定的新财源渠道，极大地激励了地方政府优化营商环境、吸引消费、发展商贸服务业。特别是消费活跃的城郊乡镇或经济强镇，因居民消费能力强、商业设施密集，税收收入可能直接增加。普通乡镇则可能通过政策配套间接获益，比如引导消费下沉，支持乡镇商业设施改造，发展县域商贸中心，激活本地消费潜力。鼓励培育壮大税源经济促使包含乡镇在内的地方政府主动谋划、积极造血。乡镇等基层单位的经济职能空前强化，从过去偏重社会管理和公共服务，迅速扩展到承担招商引资、协税护税等直接经济职能。这一财政资源配置逻辑的转变，是驱动整个基层治理转型的底层逻辑，打破了基层政府"要钱—花钱"的被动循环，构建了"生钱—管钱"的主动能力。

五、主体共建共享促使乡镇从"大包大揽"转向"多元共治"

在财权和事权的匹配度下降的背景下，传统由政府单一主导的运营模式虽在统筹发展与治理方面发挥过重要作用，但长期存在职能边界模糊、工作负荷超载、自我发展能力薄弱等问题，难以适应当前高质量发展的要求。

为破解上述困境，提升资源配置效率，乡镇层面深度重构治理主体与机制。基层治理上，打破政府"单中心"管理模式，构建政府机构、平台公司、社会组织、村（居）民共同参与的治理网络。例如，金寨县槐树湾乡以安全生产为切入点，建立"全民监督员"制度，通过荣誉激励与物质奖励相结合的参与机制，引导群众参与安全生产、生态保护等领域治理，创新构建"全民参与、多元共治"的社会治理体系。

经济发展上，积极探索职能优化路径，聚焦党建统筹、政策制定、监督考核等主责主业，逐步将招商引资、产业规划、项目运营等具备市场化条件的职能，依法依规转移至政府全资设立或参与联营的属地平台公司，构建起"政府主导政策方向与监管考核、企业承担专业运营与市场对接"的分层协作机制。这种分层协作机制即政府层面聚焦主责主业，强化政策制定、环境营造、民生保障及监督指导；平台公司则依托企业化、专业化优势，在授权范围内高效开展产业资源整合、项目孵化培育、资本运作对接等经济活动。通过明晰权责边界，既避免了行政力量对微观经济的不当干预，也显著提升了产业发展的灵活性与市场响应速度。

六、公共服务提质促使乡镇从"单一业态"转向"多元融合"

在当前新型城镇化进程加速和消费结构升级的背景下，乡镇内居住者、工作者及消费者对生活服务的需求呈现多元化、个性化和品质化特征，传统以同质化餐饮、零售为主导的单一经济业态已难以适应发展需要。这客观上要求乡镇经济体系向复合型、体系化的生活性服务业深度转型，通过业态融合创新与服务能级提升，构建全周期、全场景的现代生活服务体系。

内部需求升级倒逼服务链延伸，居民对"一站式"生活服务的诉求推动业态深度融合。例如，"物业服务+生活服务"模式通过物业企业整合养老托幼、家政维修、快递收发等高频需求，形成社区服务集成解决方案；同时，"现代服务+生活服务"模式依托大数据精准匹配供需，发展共享自习室、社区团购等新场景，实现资源高效配置与服务精准触达。

外部业态协同赋能全域发展。乡镇外部商业综合体、文旅项目、科创园区等多元化载体，通过功能互补与流量共享反哺内部业态升级。如文旅项目带动镇街发展主题民宿、手作体验等特色业态；商业综合体客流下沉至社区小微商业，形成"全域消费生态圈"，激发乡镇经济活力。

第二章　多维评价

　　科学评价乡镇综合竞争力是对乡镇经济发展水平进行的一次立体化、全景式扫描。科学全面地认识乡镇经济，有助于更好地推动各乡镇找准位次、找到短板、找出标杆，做到有的放矢，更好推动乡镇经济高质量发展。为做好乡镇综合竞争力评价，我们在 2023 年、2024 年评价指标的基础上，进行了进一步的完善，从经济实力、产业发展、基础设施、群众幸福等四个维度，构建了 2025 年的评价指标体系。

第一节　安徽乡镇综合竞争力
评价指标体系

一、评价指标体系构建原则

2025 年安徽乡镇综合竞争力评价指标体系在指标权重设置上侧重经济实力及产业发展的贡献度和发展潜力、后劲，与经济社会高质量发展目标高度契合。构建乡镇综合竞争力评价指标体系时，主要遵循科学性、代表性、可比性、获取性四大原则：

（一）科学性原则

在进行乡镇综合竞争力评价指标设计时，首先注重指标设计的科学性，即在指标选择上要结合乡镇高质量发展的特点和内涵，尽可能全面地覆盖乡镇综合竞争力研究所涉及的内容，能够客观真实地反映乡镇高质量发展的状况，体现乡镇经济、产业、基础设施、社会事业等领域竞争力。同时，还需注重各指标之间的互补效应，以及指标概念简洁明确、界定范围精准，确保评价结果是符合实际的、准确的。

（二）代表性原则

坚持问题导向与目标导向相结合，瞄准乡镇高质量发展的核心本质，聚焦乡镇高质量发展存在的主要问题和短板，遴选尽可能反映乡镇经济社会发展特征的典型代表性指标。同时，乡镇综合竞争力评价指标还要注意不能过多过细、过于烦琐和相互重叠，也要注意不能过少过简，避免指标信息遗漏，确保评价结果能反映综合情况。

（三）可比性原则

乡镇综合竞争力评价指标要注重指标的口径、范围一致，确保各乡镇统计数据的可比性。同时，在进行具体评价时，为保证对比的精准度，需对乡镇统计数据进行标准化、归一化和极大化或极小化等方面的无量纲化处理，消除数据之间的量纲差异，使得指标更具可比性。

（四）获取性原则

乡镇综合竞争力评价指标在既有统计方法数据基础上，尽量采用可取、易得、计算简单的数据，尽可能选择可量化的指标，兼顾动态指标，减少主观臆断中的误差，确保评价结果客观真实。

二、评价指标体系构成及解释

遵循科学性、代表性、可比性、获取性的基本原则，聚焦新发展理念和乡村全面振兴战略的导向作用，课题组在借鉴《安徽乡镇综合竞争力评价报告2023》《安徽乡镇综合竞争力评价报告2024》的指标体系基础上，进一步完善优化，从经济实力、产业发展、基础设施、群众幸福四个维度搭建起指标体系，具体由4

个一级指标、25 个二级指标构成。

表 2 安徽乡镇综合竞争力评价指标体系（2025）

一级指标	序号	指标
经济实力指数	1	地方一般公共预算收入（万元）
	2	集体经营收益超 50 万元的村占比（%）
	3	商品交易市场数（个）
	4	营业面积 50 平方米以上的商店或超市数量（个）
	5	农村居民家用汽车普及率（%）
产业发展指数	6	规模以上企业数量（个）
	7	规模以上工业企业营业收入（万元）
	8	限额以上批零住餐企业营业收入（万元）
	9	规上服务业企业营业收入（万元）
	10	规模以上工业企业营业收入增速（%）
	11	限额以上批零住餐企业营业收入增速（%）
	12	规上服务业企业营业收入增速（%）
基础设施指数	13	自来水用户占总户数比例（%）
	14	管道燃气用户占总户数比例（%）
	15	通 5G 的村占比（%）
	16	通公交的村占比（%）
	17	有体育健身场所的村占比（%）
	18	文化站数量（个）
	19	农村养老服务机构和设施覆盖率（%）
群众幸福指数	20	有综合服务站的村占比（%）
	21	每百名在校小学生拥有专任教师数量（人）
	22	每千人口医疗卫生机构床位数（张）
	23	每千人口执业（助理）医师数（人）
	24	城乡居民"两险"参保率（%）
	25	县级及以上民主法治示范村占比（%）

（一）经济实力指数

经济实力指数主要由地方一般公共预算收入、集体经营收益超 50 万元的村占比、商品交易市场数、营业面积 50 平方米以上的商店或超市数量、农村居民家用汽车普及率 5 个指标组成，反映乡镇高质量发展的经济规模。相关指标解释如下：

地方一般公共预算收入：属于地方一般公共预算的收入，包括城市维护建设税（不含铁道部门、各银行总行、各保险公司总公司集中缴纳的部分）、房产税、城镇土地使用税、土地增值税、车船税、耕地占用税、契税、烟叶税、印花税（不含证券交易印花税）、增值税 50% 部分，纳入共享范围的企业所得税 40% 部分，个人所得税 40% 部分，海洋石油资源税以外的其他资源税，地方非税收入等。

集体经营收益：村集体经济组织经营收入、发包及上交收入与投资收益之和，减去经营支出和管理费用后的差额。计算方法：经营收入+发包及上交收入+投资收益−经营支出−管理费用=集体经营收益。

商品交易市场：指经有关部门和组织批准设立，有固定场所、设施，有经营管理部门和监管人员，若干市场经营者入内，常年或实际开业 3 个月以上，集中、公开、独立地进行生活消费品、生产资料等现货商品交易以及提供相关服务的交易场所，包括各类消费品市场、生产资料市场等。

营业面积 50 平方米以上的商店或超市：指营业面积超过 50

平方米的从事商品批发或者零售业务的商店或超市。

拥有家用汽车的户数：拥有用于消费的各种家用汽车的住户数。这里的汽车包括轿车、面包车等，不包括经营用卡车、面包车等。

（二）产业发展指数

产业发展指数主要由规模以上企业数量、规模以上工业企业营业收入、限额以上批零住餐企业营业收入、规上服务业企业营业收入、规模以上工业企业营业收入增速、限额以上批零住餐企业营业收入增速、规上服务业企业营业收入增速 7 个指标组成，反映乡镇高质量发展的产业动能。相关指标解释如下：

规模以上企业：规模以上工业企业和规模以上商业企业。规模以上工业企业是指年主营业务收入在 2000 万元及以上的工业企业。规模以上商业企业是指年商品销售额在 2000 万元及以上的批发业企业（单位）和年商品销售额在 500 万元及以上的零售业企业（单位）。

限额以上批零住餐企业：年主营业务收入 200 万元及以上的住宿和餐饮业法人单位。

规模以上服务业：年营业收入 2000 万元及以上服务业法人单位，包括交通运输、仓储和邮政业，信息传输、软件和信息技术服务业，水利、环境和公共设施管理业 3 个门类与卫生行业大类；年营业收入 1000 万元及以上服务业法人单位，包括租赁和商务服务业，科学研究和技术服务业，教育 3 个门类，以及物业管理、房地产中介服务、房地产租赁经营和其他房地产业 4 个行业小类；年营业收入 500 万元及以上服务业法人单位，包括居民服务、修理和其他服务业，文化、体育和娱乐业 2 个门类，以及社会工作行业大类。营业收入指企业从事销售商品、提供劳务和让渡资产使用权等生产经营活动形成的经济利益流入，包括主营业务收入和其他业务收入。根据会计利润表中营业收入项目的本年累计数填报。

（三）基础设施指数

基础设施指数主要由自来水用户占总户数比例、管道燃气用户占总户数比例、通 5G 的村占比、通公交的村占比、有体育健身场所的村占比、文化站数量、农村养老服务机构和设施覆盖率 7 个指标组成，反映乡镇高质量发展的生态宜居条件。相关指标解释如下：

自来水用户：集中式供水工程和城市供水管网延伸工程供水到户（院）的住户数。

管道燃气用户：使用管道燃气的家庭户，不包括使用煤气罐的家庭户。

通达 5G 网络：5G 网络通达本村区域。

通公交：距离村委会、公众活动或服务场所 2 千米范围内设有公共汽电车停靠站点，以及距离村委会、公众活动或服务场所 2 千米范围内设有班车停靠站点，且开通的班车客运线路已实现参照城市公交模式运营。

体育健身场所：本辖区内由集体、个人或其他机构设立的主要以服务公众为目的，有固定场所和必要设施的站、馆、场所等，包括有体育健身或运动器材、篮球架、乒乓球台等体育设施。

文化站：文化和旅游部门管理的，设立于本辖区内并对公众开放的文化站。

农村养老服务机构和设施：（1）全托服务社区养老服务机构和设施（指在社区建立的、为社区老年人提供日间或留宿照料服务的小型养老机构或者设施）。（2）日间照料社区养老服务机构和设施（指在社区建立的、为社区老年人提供日间照料服务的小型养老机构或者设施）。（3）互助型社区养老服务设施（指依托村居委会办的微型的五保村、五保家园、幸福院等互助型养老设施，没有专职服务人员，不是注册登记的独立机构，以相互帮助为主，提供少量床位，可以住宿，不以营利为目的的为老年人、社区居民提供互助养老服务的设施）。（4）其他养老服务设施（指为农村老年人提供助餐、助医、护理等服务，没有床位的社区养老服务设施）。

（四）群众幸福指数

群众幸福指数主要由有综合服务站的村占比、每百名在校小学生拥有专任教师数量、每千人口医疗卫生机构床位数、每千人口执业（助理）医师数、城乡居民"两险"参保率、县级及以上民主法治示范村占比6个指标构成，反映乡镇高质量发展的生活幸福水平。

每百名在校小学生拥有专任教师数量：小学专任教师数量/人口数×1000。小学专任教师指在小学中专门从事教学工作的固定教师、民办教师，不包括兼职教师和临时代课教师以及管理、后勤人员。小学专任教师包含小学教师，九年一贯制学校、十二年一贯制学校负责小学阶段教学的教师，不能准确划分的可按小学生占比推算。

每千人口医疗卫生机构床位数：各级各类医疗卫生机构年底的固定实有床位（非编制床位）/人口数×1000，包括正规床、简易床、监护床、超过半年的加床、正在消毒和修理的床位、因扩建或大修而停用的床位，不包括产科新生儿床、接产室待产床、库存床、观察床、临时加床和病人家属陪侍床。

每千人口执业（助理）医师数：执业医师和执业助理医师数量/人口数×1000。执业医师是指具有中华人民共和国医师执业证书及其"级别"为"执业医师"且实际从事医疗、预防保健工作的人员，不包括实际从事管理工作的执业医师。执业助理医师是指具有中华人民共和国医师执业证书及其"级别"为"执业助理医师"且实际从事医疗、预防保健工作的人员，不包括实际从事管理工作的执业助理医师。

城乡居民"两险"参保率：（1）城乡居民基本养老保险参保率指报告期末参加城乡居民基本养老保险（在经办机构参保登记并已建立缴费记录以及制度实施当年已经年满60周岁并在经办机构参保登记）的人数（不包括已经办理注销登记手续人

数）/乡镇总人数。（2）城乡居民基本医疗保险参保率指报告期末参加由医疗保障部门管理的城乡居民基本医疗保险的人数/乡镇总人数。

第二节　安徽乡镇综合竞争力评价方法

一、评价范围

依据安徽省民政厅发布的《安徽省 2024 年行政区划简册》，结合实际情况，以全省 1235 个乡镇为评价研究范围，其中 1011 个镇、224 个乡（含 7 个回族乡、1 个回族满族乡、1 个畲族乡）。

二、数据来源

2024 年乡（镇）社会经济基本情况统计资料、2024 年村社会经济基本情况（含涉农居委会）统计资料等。

三、计算方法

（一）数据清洗与质量管控

对原始数据开展多维度清洗。针对缺失值，采用同类乡镇中位数填补并标注修复来源。对极值进行科学识别，运用箱线图原理检测超出四分位距 1.5 倍范围的异常值。建立逻辑校验规则库，自动拦截矛盾数据。

（二）指标标准化处理

使用极差标准化，将各指标原始值线性映射至区间［0，1］，严格保留数据分布形态与相对差距。对经检验呈严重偏态分布的指标，采用中位数标准化法消除极端值干扰。

（三）组合赋权法确定权重

构建主客观融合的权重体系。主观维度上，邀请区域经济、公共服务等领域的专家，依据战略导向性对指标分层赋权；客观维度上，通过熵权法分析各指标数据变异程度，对区分度高的指标自动增权。最后将专家权重与熵权结果按 5∶5 加权融合。

（四）综合指数计算与分级

将标准化数据与组合权重逐项相乘加总，生成竞争力得分，并对结果进行多重验证。

（五）对数变换处理后排序

为缓解头部乡镇得分集聚效应，对原始总分取自然对数并转化为百分制。以理论最高分为基准，通过对数函数拉伸中下游乡镇的分差，确保排名分布既凸显领先者优势，又能清晰区分中等发展梯队。按最终分值大小对所有乡镇进行排序，得出全省乡镇综合竞争力评价结果。

第三节　安徽乡镇综合竞争力评价结果

根据安徽乡镇综合竞争力评价体系（2025），对全省 1235 个乡镇进行综合评价，并按得分情况进行了排名，排名靠前的 100 个乡镇名单如下表所列。

表 3　安徽综合竞争力 100 强乡镇名单（2025）

名次	城市	县（市、区）	乡（镇）
1	芜湖市	湾沚区	湾沚镇
2	芜湖市	繁昌区	孙村镇
3	阜阳市	界首市	田营镇
4	宣城市	广德市	新杭镇
5	合肥市	肥西县	桃花镇
6	六安市	舒城县	杭埠镇
7	芜湖市	繁昌区	繁阳镇
8	六安市	金寨县	梅山镇
9	芜湖市	无为市	无城镇
10	滁州市	天长市	铜城镇
11	芜湖市	鸠江区	二坝镇
12	合肥市	肥西县	上派镇
13	合肥市	长丰县	下塘镇
14	芜湖市	湾沚区	六郎镇
15	黄山市	徽州区	岩寺镇
16	淮北市	濉溪县	濉溪镇

（续表）

名次	城市	县（市、区）	乡（镇）
17	阜阳市	颍上县	慎城镇
18	阜阳市	阜南县	鹿城镇
19	滁州市	全椒县	十字镇
20	淮南市	寿县	寿春镇
21	蚌埠市	固镇县	谷阳镇
22	芜湖市	繁昌区	新港镇
23	安庆市	怀宁县	高河镇
24	亳州市	利辛县	城关镇
25	合肥市	巢湖市	银屏镇
26	马鞍山市	雨山区	银塘镇
27	蚌埠市	市经开区	长淮卫镇
28	芜湖市	湾沚区	陶辛镇
29	芜湖市	南陵县	籍山镇
30	芜湖市	无为市	高沟镇
31	合肥市	长丰县	双墩镇
32	滁州市	全椒县	襄河镇
33	合肥市	蜀山区	井岗镇
34	芜湖市	湾沚区	花桥镇
35	滁州市	定远县	定城镇
36	安庆市	潜山市	梅城镇
37	马鞍山市	博望区	博望镇
38	合肥市	肥东县	撮镇镇
39	滁州市	来安县	新安镇
40	马鞍山市	含山县	环峰镇
41	宿州市	砀山县	砀城镇
42	合肥市	肥东县	店埠镇

（续表）

名次	城市	县（市、区）	乡（镇）
43	淮南市	凤台县	城关镇
44	芜湖市	繁昌区	荻港镇
45	铜陵市	义安区	东联镇
46	宣城市	郎溪县	十字镇
47	宿州市	灵璧县	灵城镇
48	芜湖市	湾沚区	红杨镇
49	合肥市	肥西县	花岗镇
50	池州市	东至县	尧渡镇
51	安庆市	太湖县	晋熙镇
52	蚌埠市	五河县	城关镇
53	马鞍山市	当涂县	年陡镇
54	宣城市	泾县	泾川镇
55	宣城市	郎溪县	新发镇
56	宣城市	宣州区	狸桥镇
57	安庆市	怀宁县	马庙镇
58	宣城市	广德市	邱村镇
59	马鞍山市	当涂县	太白镇
60	六安市	金安区	三十铺镇
61	阜阳市	太和县	城关镇
62	铜陵市	义安区	顺安镇
63	合肥市	肥西县	紫蓬镇
64	芜湖市	繁昌区	峨山镇
65	芜湖市	南陵县	许镇镇
66	淮南市	田家庵区	三和镇
67	马鞍山市	和县	姥桥镇
68	黄山市	屯溪区	新潭镇

（续表）

名次	城市	县（市、区）	乡（镇）
69	马鞍山市	当涂县	姑孰镇
70	合肥市	长丰县	岗集镇
71	滁州市	来安县	汊河镇
72	马鞍山市	博望区	丹阳镇
73	滁州市	天长市	冶山镇
74	芜湖市	无为市	石涧镇
75	六安市	霍山县	衡山镇
76	合肥市	肥东县	包公镇
77	合肥市	肥西县	官亭镇
78	芜湖市	南陵县	弋江镇
79	铜陵市	义安区	五松镇
80	宣城市	广德市	誓节镇
81	合肥市	庐江县	庐城镇
82	安庆市	岳西县	天堂镇
83	淮南市	凤台县	毛集镇
84	合肥市	庐阳区	大杨镇
85	安庆市	市经开区	老峰镇
86	合肥市	肥东县	马湖乡
87	安庆市	迎江区	龙狮桥乡
88	安庆市	怀宁县	月山镇
89	铜陵市	义安区	钟鸣镇
90	合肥市	长丰县	吴山镇
91	滁州市	天长市	秦栏镇
92	池州市	青阳县	蓉城镇
93	合肥市	肥东县	石塘镇

（续表）

名次	城市	县（市、区）	乡（镇）
94	马鞍山市	当涂县	黄池镇
95	合肥市	肥东县	张集乡
96	淮北市	濉溪县	百善镇
97	滁州市	南谯区	乌衣镇
98	合肥市	肥西县	铭传乡
99	芜湖市	无为市	泥汊镇
100	安庆市	桐城市	新渡镇

第三章　百强图景

乡镇综合竞争力评价数据表明，排名前列的乡镇在全省乡镇经济社会发展中具有示范引领作用。这些乡镇在区位条件、产业基础、生态环境等方面各具特色，其提升竞争力的路径亦存在共性特征。深入分析这些乡镇的发展特征与分布规律，总结提炼共性发展经验，有助于进一步发挥"标杆"的示范效应，为全省其他乡镇探索发展路径提供有益参考。

第一节　综合竞争力 100 强乡镇发展特征

综合实力百强乡镇在全省乡镇发展中发挥着引领作用。数据显示，百强乡镇以仅占全省乡镇 10% 的行政区域面积（127.24 万公顷）和 13% 的人口（759 万），创造了全省乡镇 42% 的一般公共预算收入（233.39 亿元），集聚了全省乡镇 45% 的规模以上工业企业（11591 家），其规模以上工业企业营业收入占全省乡镇总量的 56%（8931.1 亿元），限额以上批零住餐企业营业收入占全省乡镇总量的 58%（2709.9 亿元），规上服务业企业营业收入占全省乡镇总量比重高达 74%（1064 亿元）。这些经济数据充分表明百强乡镇的资源要素高效集聚和显著的经济产出效益。

在基础设施与公共服务领域，自来水普及率、管道燃气覆盖率、行政村 5G 通达率、公交通达率、农村养老服务设施覆盖率、每千人口医疗卫生机构床位数、每千人口执业（助理）医师数等关键指标，均显著优于全省乡镇平均水平，凸显了百强乡镇的基础设施完备度高、公共服务供给能力强的优势。

一、经济综合实力强劲

综合全省乡镇数据发现，全省综合竞争力 100 强乡镇一般公共预算收入达 233.39 亿元，同比增长 3%；平均地方一般公共预算收入是全省乡镇平均水平（4483万元）的5倍多；人均创造一般公共预算收入达4011元/人，是全省乡镇均数（1130元/人）的3倍多。

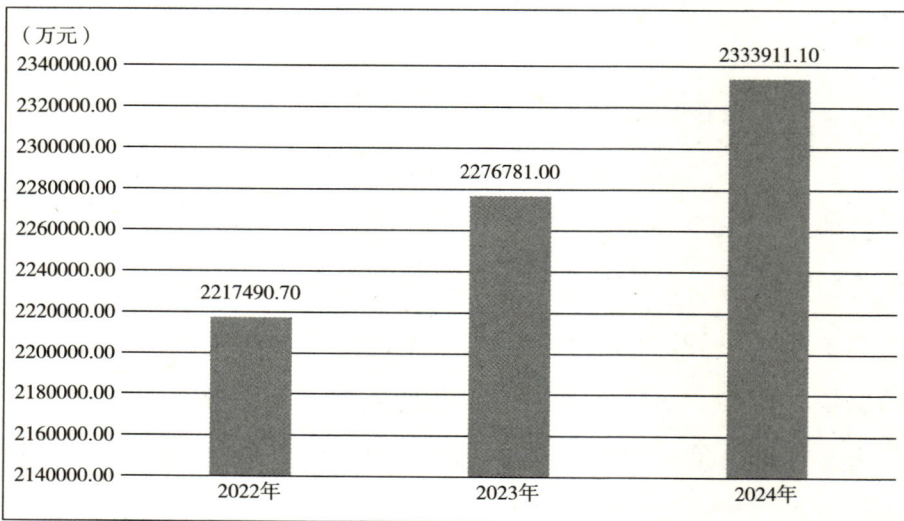

图12　2022—2024年综合竞争力100强乡镇一般公共预算收入

在支撑发展的基础条件方面，全省综合竞争力100强乡镇集体经营收益达到或超过50万元的村占比为44.8%，显著高于全省乡镇平均水平12.8个百分点，反映出其村级集体经济实力相对雄厚；居民生活品质相关指标同样领先，农村居民家用汽车普及率达51.58%，高出全省乡镇平均水平约4.5个百分点，农民生活富裕程度更为突出。

综合竞争力100强乡镇消费活力尤为旺盛，营业面积50平方米以上的商店或超市数量达到13270家，按辖区面积计算的平

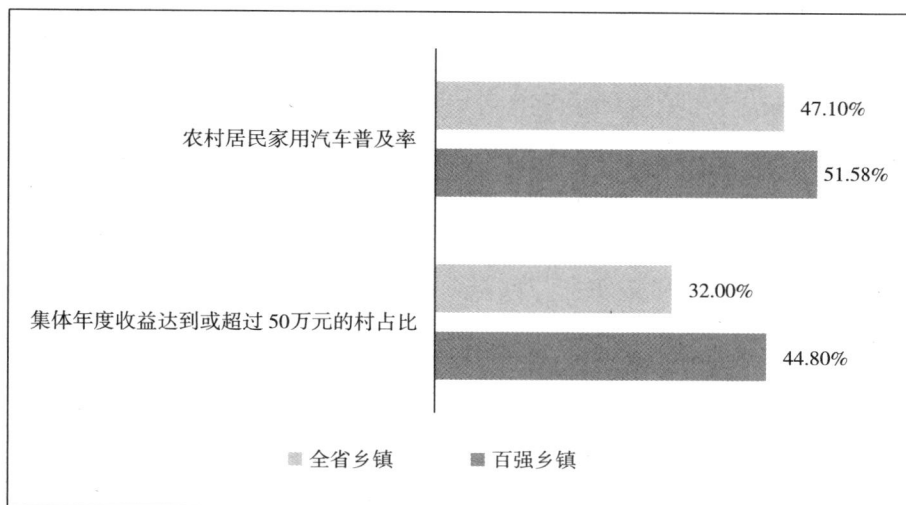

图13 2024年综合竞争力100强乡镇集体年度收益达到或超过
50万元的村占比、农村居民家用汽车普及率情况

均密度约为14家/平方千米，是全省乡镇平均水平的53.8倍，每个百强乡镇平均拥有的商品交易市场数量高出全省乡镇均值2.4家，充分体现其商业繁荣度和居民消费便利性。

二、产业发展支撑有力

全省综合竞争力100强乡镇展现出强劲的经济活力。

在企业数量上，全省综合竞争力100强乡镇规模以上企业数量达11591家，每个百强乡镇平均拥有的规模以上企业数量是全省均值的5.5倍，凸显其显著的产业集聚效应。其中，有14个乡镇的规模以上企业数量达200家以上。

在企业营收上，全省综合竞争力100强乡镇规模以上工业企业营业收入达8931.1亿元，均值是全省乡镇均值的6.9倍。肥西县上派镇、长丰县下塘镇两家强镇规模以上工业企业营业收入突破千亿元大关，成为乡镇工业发展的标杆。限额以上批零住餐企业营业收入达2709.9亿元，均值是全省均值的7.2倍，显示突出的商贸流通和服务能力。规上服务业企业营业收入达1064亿元，均值是全省均值的约9倍，体现服务业发展领先优势。

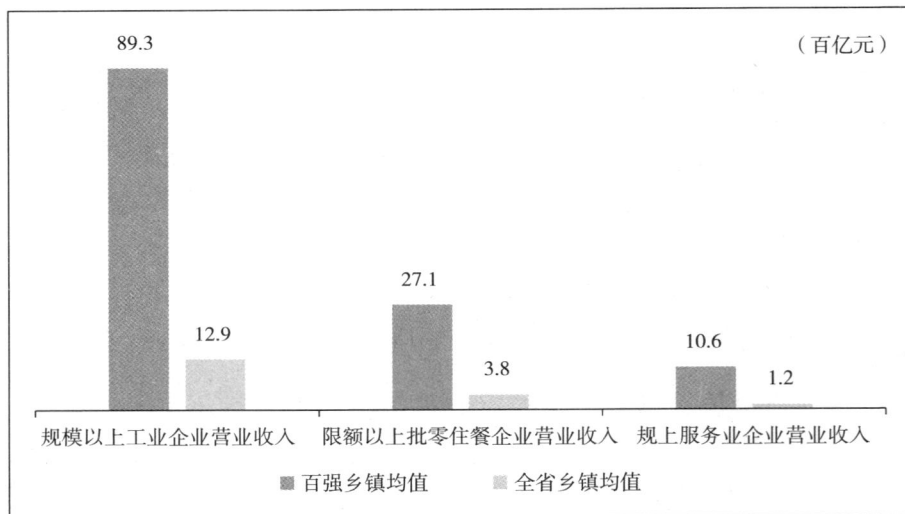

图14　2025年综合竞争力100强乡镇规上企业收入情况

在收入增速上，全省综合竞争力100强乡镇规模以上工业企业营业收入平均增速达6.8%，高出全省乡镇均速16个百分点，增长势头强劲；限额以上批零住餐企业营业收入平均增速达17.8%，高出全省均速39个百分点，消费市场活力旺盛；规上服务业企业营业收入平均增速达 9.8%，高出全省乡镇均速 69 个百分点，相对增长优势尤为突出。

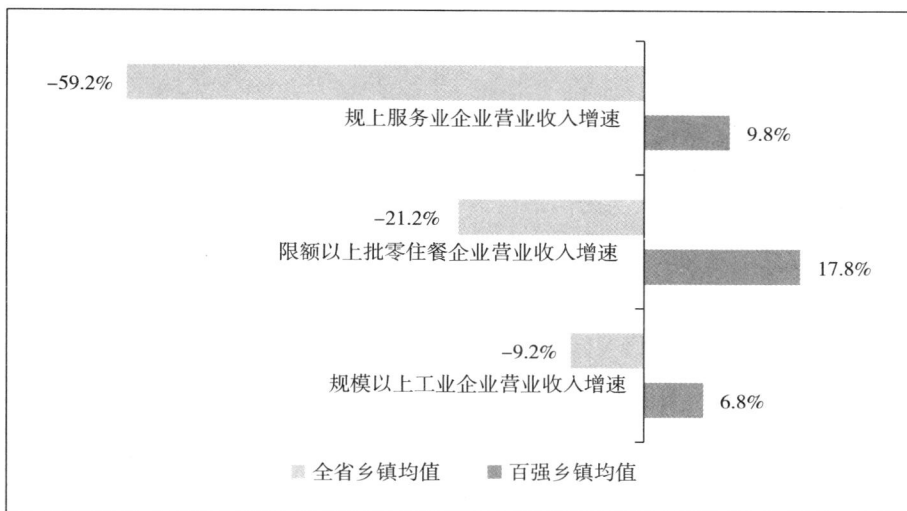

图 15　2025 年综合竞争力 100 强乡镇规上企业收入增速情况

三、基础设施相对完善

全省综合竞争力 100 强乡镇基础设施完善度持续领先。公共文化服务方面，百强乡镇文化站数量达 165 个，为居民提供了丰富的文化服务阵地。自来水普及方面，百强乡镇自来水用户占总户数比例平均达 94.22%，高出全省乡镇平均水平约 13 个百分点。其中，62 个乡镇实现 100% 全覆盖。管道燃气普及方面，百强乡镇管道燃气用户占总户数比例平均达 47.13%，高出全省乡镇平均水平约 39 个百分点，清洁能源入户水平远超全省均值。

信息通信设施方面，百强乡镇中通 5G 信号的村占比平均达 96.66%，高出全省乡镇平均水平约 3 个百分点。76 个乡镇实现了所有村庄 5G 信号全覆盖，为数字乡村建设和智慧应用奠定了坚实基础。公共交通覆盖方面，百强乡镇通公交的村平均占比达 94.7%，高出全省乡镇平均水平约 2.4 个百分点，居民出行便利性优于全省一般乡镇。体育健身设施方面，百强乡镇中建有体育健身场所的村占比平均达 96.4%，与全省乡镇平均水平大体相当，70 个乡镇实现了行政村体育健身场所 100% 覆盖。养老服务设施方面，百强乡镇农村养老服务机构和设施覆盖率平均达到 44.8%，高出全省乡镇平均水平约 8.4 个百分点，在应对人口老龄化、提升农村养老服务水平方面走在前列。

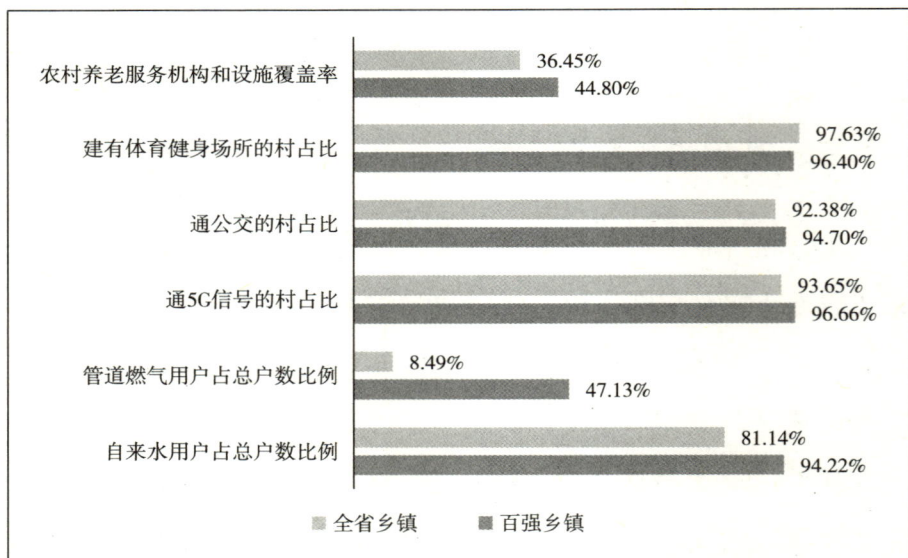

图 16　2025 年综合竞争力 100 强乡镇基础设施情况

四、社会事业发展充分

全省综合竞争力 100 强乡镇城乡居民基本养老保险参保率平均达到 41.73%，城乡居民基本医疗保险参保率平均达到 69.77%。每千人口拥有的医疗卫生机构床位数平均达到 6 张，显著高于全省乡镇平均水平，体现出在基础医疗资源配置上的相对优势。获评县级及以上"民主法治示范村"的行政村占比平均达 42.18%，高于全省乡镇平均水平 1.2 个百分点。建有综合服务站的村占比平均达 99%，服务网络高度完善。其中，96 个乡镇实现了行政村综合服务站全覆盖，确保了基层公共服务"最后一公里"的有效触达。每百名在校小学生拥有专任教师数量平均为 8 人，略低于全省乡镇平均水平，可能存在因临近城区的虹吸效应导致的学生流失现象，进而影响了师生比的优化。

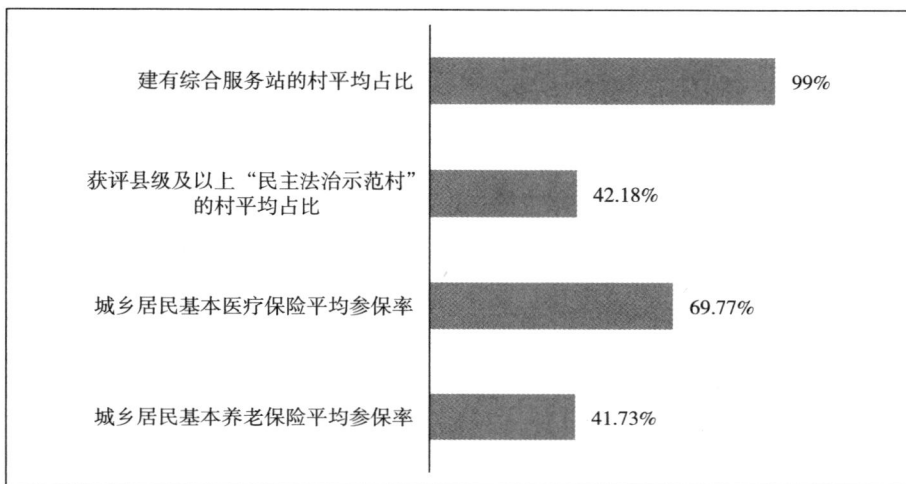

图 17　2025 年综合竞争力 100 强乡镇社会事业水平

第二节 综合竞争力100强乡镇分布特征

一、从板块分布看

从百强乡镇的板块分布来看，区域发展格局特征显著：皖江示范区（涵盖合肥、芜湖、马鞍山、铜陵、安庆、池州、滁州、宣城八市，以及六安市金安区、舒城县）作为全省经济核心区域，整体实力雄厚，引领高质量发展的支撑作用突出，区域内乡镇入选数量达80个，充分体现了该区域乡镇经济的整体活力与发展优势；合肥都市圈（覆盖合肥、淮南、六安、滁州、芜湖、马鞍山、蚌埠以及安庆市的桐城市）作为全省发展的核心增长极，其辐射带动效应在乡镇层面表现强劲，区域内乡镇入选数量达68个；相比之下，皖北地区（包括淮北、亳州、宿州、蚌埠、阜阳、淮南市，以及滁州市的定远、凤阳、明光和六安市的霍邱县）入选乡镇数量相对较少，仅18个；皖南国际文化旅游示范区核心区（主要包括黄山市、池州市，以及宣城市绩溪县、旌德县、泾县和安庆市潜山市、岳西县、太湖县）入选数量为9个，受生态主体功能定位影响，入榜数量虽少，但其特色化、绿色化发展路径对全省乡镇发展具有独特借鉴价值。

表4　综合竞争力100强乡镇板块分布（2025）

区域板块	100强乡镇数量（个）
合肥都市圈	68
皖江示范区	80
皖北地区	18
皖南国际文化旅游示范区核心区	9

二、从地市分布看

从百强乡镇的所在地市看，合肥都市圈与皖江示范区的叠加区域是全省乡镇高质量发展的核心承载区。省会合肥龙头地位凸显，入榜乡镇数量达20个，占全省总数的1/5，遥遥领先；省域副中心城市芜湖紧随其后，以18个入榜乡镇居第二，与合肥共

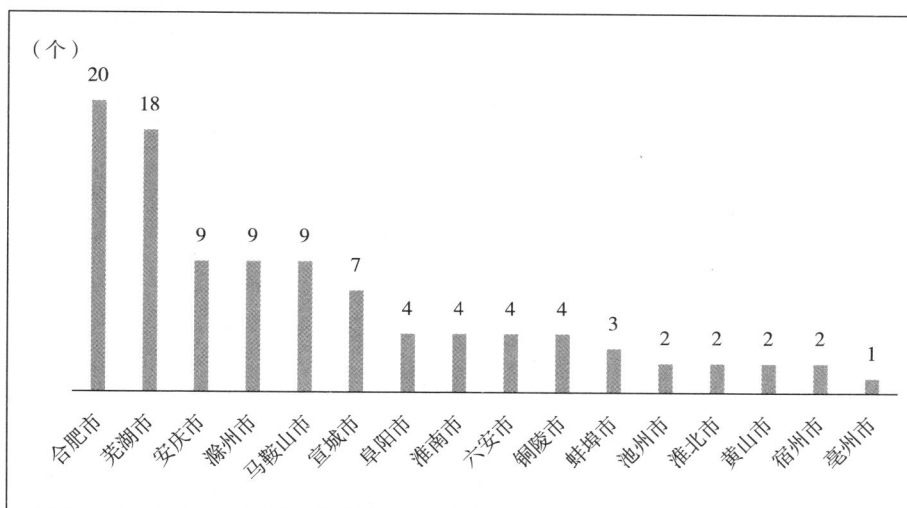

图18　2025年综合竞争力100强乡镇市域分布

同构成引领全省乡镇发展的"双极"；安庆、滁州、马鞍山表现强劲，各有 9 个乡镇入榜，并列第三，体现了皖江沿岸城市的整体实力；宣城有 7 个乡镇入榜，位列第四；阜阳、淮南、六安、铜陵各有 4 个乡镇入榜，并列第五；蚌埠有 3 个乡镇入榜，位列第六；池州、淮北、黄山、宿州各有 2 个乡镇入榜，并列第七；亳州仅有 1 个乡镇入榜。

三、从县域分布看

除被安徽安庆经济开发区托管的老峰镇及被蚌埠经济开发区托管的长淮卫镇，百强乡镇广泛分布在 54 个县级行政区（含县、县级市、市辖区），覆盖了全省过半的县级行政单元，呈现出显著的梯次分布特征。榜首：肥西县、肥东县表现最为突出，各有 6 个乡镇入选。第二位：繁昌区、湾沚区紧随其后，各有 5 个乡镇入选。第三位：当涂县、无为市、义安区、长丰县各有 4 个乡镇入选。第四位：广德市、怀宁县、南陵县、天长市各有 3 个乡镇入选。第五位：博望区、凤台县、来安县、郎溪县、全椒县、濉溪县各有 2 个乡镇入选。第六位：巢湖市、砀山县、定远县、东至县、阜南县、固镇县、含山县、和县、徽州区、霍山县、界首市、金安区、金寨县、泾县、鸠江区、利辛县、灵璧县、庐江县、庐阳区、南谯区、潜山市、青阳县、寿县、舒城县、蜀山区、太和县、太湖县、田家庵区、桐城市、屯溪区、五河县、宣州区、迎江区、颍上县、雨山区、岳西县等 38 个县（市、区）各有 1 个乡镇入选。

从整体评价结果看，全省综合竞争力100强乡镇主要分布在全省强市、强县（市、区），再次反映了"强者恒强"的格局。经济发展较好的地市，其乡镇综合竞争力表现更为突出，为市域、县域整体实力的增强起到支撑作用。对于皖北地区和山区县域来说，需集中资源培育1~2个具有竞争力的中心镇或特色强镇，以此作为撬动县域整体实力增强、缩小区域差距的战略支点。

表5　综合竞争力100强乡镇县域分布（2025）

城市	县（市、区）	100强乡镇数量（个）
合肥市	肥东县	6
合肥市	肥西县	6
芜湖市	繁昌区	5
芜湖市	湾沚区	5
马鞍山市	当涂县	4
芜湖市	无为市	4
铜陵市	义安区	4
合肥市	长丰县	4
宣城市	广德市	3
安庆市	怀宁县	3
芜湖市	南陵县	3
滁州市	天长市	3
马鞍山市	博望区	2
淮南市	凤台县	2
滁州市	来安县	2
宣城市	郎溪县	2
滁州市	全椒县	2

（续表）

城市	县（市、区）	100强乡镇数量（个）
淮北市	濉溪县	2
合肥市	巢湖市	1
宿州市	砀山县	1
滁州市	定远县	1
池州市	东至县	1
阜阳市	阜南县	1
蚌埠市	固镇县	1
马鞍山市	含山县	1
马鞍山市	和　县	1
黄山市	徽州区	1
六安市	霍山县	1
阜阳市	界首市	1
六安市	金安区	1
六安市	金寨县	1
宣城市	泾　县	1
芜湖市	鸠江区	1
亳州市	利辛县	1
宿州市	灵璧县	1
合肥市	庐江县	1
合肥市	庐阳区	1
滁州市	南谯区	1
安庆市	潜山市	1
池州市	青阳县	1
淮南市	寿　县	1
六安市	舒城县	1
合肥市	蜀山区	1

（续表）

城市	县（市、区）	100 强乡镇数量（个）
阜阳市	太和县	1
安庆市	太湖县	1
淮南市	田家庵区	1
安庆市	桐城市	1
黄山市	屯溪区	1
蚌埠市	五河县	1
宣城市	宣州区	1
安庆市	迎江区	1
阜阳市	颍上县	1
马鞍山市	雨山区	1
安庆市	岳西县	1

第三节 综合竞争力 100 强乡镇发展规律

百强乡镇基础条件、资源优势各异，发展路径各具特色。深入剖析其发展规律，总结成功经验，可为其他乡镇提供有益借鉴，其发展模式可归纳为五大方向。

一、利用技术创新，让传统产业"老树发新枝"

部分百强乡镇的主导产业发展历史较长，积淀形成了颇具特色的传统产业根基。立足新时代发展，这些乡镇依托既有传统产业基础，积极推动产业技术创新、加快产品升级、延伸产业链条、促进产业集聚、提升品牌价值等举措，着力提升产业整体规模与竞争力，为区域经济高质量发展提供支撑。

例如，无为市高沟镇作为全国电缆之乡、全国特种电缆产业基地，对无为经济发展起到了至关重要的作用。然而，以往高沟镇线缆产品主要集中在传统电力电缆和电气装备用线缆方面，多数电缆企业实施智能化、数字化、信息化技术改造投入不足，高端产品、高附加值产品占比相对较少。为此，高沟镇立足新阶段新形势，持续致力于传统电缆产业转型升级，近 3 年来实施智能化、数字化、信息化改造项目 12 个，高新技术企业增至 48 家，专精特新企业增至 24 家，国家级专精特新小巨人达 6 个，4 家企业获评国家知识产权示范企业，4 家企业获评省级制造业与互联网融合发展试点企业，2 家企业获评省级"网效之星"，新亚特电缆跻身全省制造业百强企业，15 家传统电缆制造企业成功向电线电缆细分领域、特种电缆方向转型升级，带动镇域经济跃升新台阶。

二、抢抓风口机遇，让新兴产业"无中生有"

部分乡镇虽无显著产业基础，但敏锐把握新兴产业崛起机遇，通过精准引进行业龙头企业、高效落地战略性重大项目，成功实现主导产业"从无到有"的突破性发展。这一模式不仅快速构建起现代化产业体系，更成为驱动镇域经济跨越式增长、培育高质量发展新动能的关键路径。

　　长丰县下塘镇是典型案例。2020 年，下塘镇全年工业产值仅五六十亿元，到 2024 年突破千亿元，实现跨越式发展的背后，得益于下塘抓住了新能源汽车产业"风口"。2021 年比亚迪合肥基地落户下塘工业园，创造了惊人的"合肥速度"：从签约到开工仅用 42 天，从开工到第一辆整车下线也仅耗时 10 个月。2024 年，下塘镇新能源汽车整车总产量 95 万辆、总产值 1001 亿元。比亚迪的到来像磁铁一样，吸引着佛吉亚、合美科技等 30 多家汽车产业链上下游企业纷至沓来，在下塘镇形成了一个以整车制造企业为龙头，汽车零部件企业齐头并进、协同发展的产业生态圈。截至 2024 年底，58 家规上工业企业、16 家战新企业、46 家高新技术企业、20 家省级专精特新企业、6 家 A 类企业集聚发展。众多企业的聚集，构建起新能源汽车产业链，有效降低了企业的供应链成本，提升了产业的整体竞争力。下塘镇成功跃升为安徽省重要的新能源汽车产业基地，带动镇域经济持续腾飞。

三、把握资源优势，实现"两山转化"

　　部分百强镇立足显著的生态人文资源优势，着力放大绿色本底价值，通过深度开发农文旅融合业态，有效驱动产业层级跃升。还有部分百强镇以重大文旅项目为牵引，系统推进生态修复与环境重塑，成功将生态基底转化为产业振兴新动能。

　　例如，凤阳县殷涧镇践行"两山"理念，依托韭山国家森林公园等资源，通过造林绿化、打造花海景观发展林旅产业，并挖掘历史典故发展民宿，获评省级旅游名镇，有效带动经济发展。黄山市徽州区岩寺镇依托徽派建筑、历史古迹和自然风光，整合资源完善设施（如保护性开发老街、建设生态步道），举办文化活动提升知名度，带动餐饮、住宿、零售等服务业发展。安庆市宜秀区月山镇的复兴村曾因过度开矿，3000 多亩东山山体受损，粉尘污染严重。为改善生态，月山镇取缔关停 40 多家高耗能重污染企业，仅保留环保达标企业，并对矿区进行修复。经过近十年整治，如今的复兴村重披绿装，摇身一变成为省级森林村庄。同时，总投资 10 亿元的野生动物世界旅游综合体项目加快推进，项目融合动物园、游乐园、植物园以及科普研学、山地运动等多种业态，昔日的"矿山村"成为当地乡村旅游的"网红地"，村民也通过发展"村夜市"、建设蓝莓等种植基地，享受到生态改善带来的发展红利。

四、依托区位条件，集聚先进要素"借梯登高"

部分百强镇，特别是毗邻苏浙等经济发达地区的枢纽型乡镇，立足区位交通优势，抢抓区域协同发展机遇，通过前瞻性谋划空间载体、系统性强化要素保障，积极承接重大产业布局与高端项目转移，有力推动了产业结构重塑与发展动能迭代升级，成为驱动乡镇经济跨越式发展、深度融入区域产业分工体系的关键路径。

比如，芜湖市鸠江区二坝镇 2022 年起前瞻性实施全域征迁保障用地。2024 年，完成土地征收近 5000 亩。在长三角一体化发展和芜湖市"跨江发展"战略下，依托省域副中心城市经济发展核心区、增长极的区位优势，和江北新区大开发大建设的主场优势，吸引大批重大项目、重大工程落地。积极发展数字产业，2023 年 9 月以来，二坝镇域内"东数西算"国家节点芜湖数据中心集群项目多次吸引央视的目光。2024 年，二坝镇域内的"中华数岛"华为云华东（芜湖）数据中心正式开服；总投资 60 亿元的中国移动长三角（芜湖）数据中心开工建设；中国电信、中国联通、联云世纪等项目也在紧锣密鼓地建设，数字产业生态加速形成，推动该镇由农业镇向新兴产业重镇转型。

五、深耕特色农业，变"土疙瘩"为"金疙瘩"

部分百强镇立足特色农产品资源禀赋，通过深度开发产品品类、系统提升产品品质、大力推动农文旅深度融合、重点发展农产品精深加工，构建起特色农业全链条升级体系，有效将资源优势转化为富民增收与镇域经济发展的核心动能。

例如，繁昌区荻港镇香菜历史悠久，其制作技艺被列入安徽省第六批非物质文化遗产名录。近年来，该镇以香菜为引擎，把小香菜做成大产业。一二三产联动发展。开拓电商销售渠道，在抖音、淘宝、京东、拼多多等平台上均有网店销售，浏览量上亿次。2021 年荻港镇香菜生产量由 2017 年的 150 多吨增加至 1000 多吨，销售额由 2017 年的 400 余万元增加至 2800 余万元。为弘扬荻港香菜文化，积极建设集非遗文化宣传和文旅特色驿站于一体的荻港香菜文化展示园。该园占地面积约 13 亩，投资估算 900 万元，集展示、观光、体验、检测、研发、电商直播多方面功能，一站式动态展示荻港香菜生产过程和非遗文化，构建"区域品牌+企业品牌+文化品牌"的荻港香菜品牌体系，进一步扩大荻港香菜知名度，形成荻港新名片。

第四章 镇兴路径

2025 年，中共中央、国务院印发了《乡村全面振兴规划(2024—2027 年)》，提出"把乡镇建成乡村治理中心、农村服务中心、乡村经济中心"的乡镇新定位。基于这一新定位，乡镇未来的发展路径必然指向"高质量发展、高品质生活、高效能治理"的协同推进，即走摒弃粗放模式，聚焦产业升级、绿色经济和内生动力培育的高质量发展之路；通过提升教育、医疗、养老、文化等公共服务水平，改善人居环境，保障民生福祉，满足人民高品质的生活需求；依托数字化赋能、精细化管理与服务下沉，强化基层组织能力，畅通民意表达渠道，提升矛盾化解和应急处突效率，达成高效能治理。这三者相互支撑、有机统一，共同构成了新时代乡镇振兴的核心发展逻辑。

第一节　举高站位规划之纲

乡镇空间单元作为我国国土空间规划体系中的最底层，乡镇工作起着"托底"和"固本"的双重作用，科学制定乡镇相关规划，对认识乡镇发展现状、以镇带村联动发展、指明未来发展方向具有非常重要的作用。在做好乡镇相关规划编制时，应注重统筹各类资源要素，协调生态保护、经济发展与建设活动，保障乡镇可持续发展。

一、精准定位，推动科学精准分类施策

立足实际、体现差异，综合考虑省内各乡镇区位条件、主导产业、资源禀赋及综合发展水平，全面衡量、客观评估，聚焦乡镇自身发展主导优势和目标，科学确定工业特色强镇、农业特色产业强镇、生态旅游名镇等发展路径，做到实事求是、因地制宜、精准画像，构建差异化发展格局，引导全省乡镇走特色发展、错位发展之路，实现差异化、品质化、特色化发展。

二、科学分区，实现"三生"空间协调发展

坚持生态优先，科学划定空间分区，严格遵循生态保护红线划定规则，结合山水林田湖草系统保护，运用卫星遥感、GIS 技术精准识别生态敏感区，将重要湿地、水源涵养林等地划入生态

保护红线范围，制定针对性管护措施。依据土壤肥力、灌溉条件等确定永久基本农田保护区，划定面积，推行高标准农田建设工程，配套完善灌溉排水、田间道路设施，提升农业生产效率。综合考虑人口增长、产业发展需求，按照"集约紧凑、适度超前"原则，在符合生态管控前提下，预留城镇建设、农村居民点用地，引导人口向中心村集聚，推动城乡一体化发展。

三、加强衔接，承接上位规划发展要求

强化规划衔接，承接上位规划确定的发展指标、空间格局要求，确保乡镇规划不偏离总体方向。细化分解上级规划任务，将县域部分重大项目落实到乡镇具体地块。横向协同与相邻乡镇沟通协商，打破行政边界限制，统筹跨区域交通、水利、能源等基础设施建设布局，如共建产业合作园区，共享水、电、气资源，避免重复建设。高效利用，合理布局建设用地，优化土地资源配置，提高土地节约集约利用水平。协同共进，加强区域协调，促进基础设施互联互通、公共服务均等化，缩小乡镇间发展差距，打造一体化发展示范区。

第二节　走高质量发展之路

高质量发展是新时代推进乡镇建设的核心目标，其根本要求在于转变发展方式，推动乡镇建设从依赖规模扩张的粗放型增长

模式，向注重质量效益的集约型增长模式可持续转型，最终实现乡镇发展进程中经济活力、社会公平与生态宜居的有机统一，走出一条更高质量、更有效率、更加公平、更可持续、更为安全的乡镇发展道路。

一、项目为王，提升招商引资实效

招商引资是推动乡镇高质量发展的生命线。随着市场经济发展，招商引资形势出现新变化、呈现新特点。一是乡镇政府应做到知己知彼，及时捕捉机遇，对乡村资产资源进行全面摸底梳理，精准掌握本地资源禀赋，对辖区闲置可利用的优质地块等登记整合，明确可流转土地规模性质以及适合发展的产业，做到心中有数。二是深入挖掘内在潜力，通过乡贤招商、以商招商、筑巢招商等方式，扎实打好招商"组合拳"，吸引一批优质企业入驻。注重乡贤招商，定期收集在外营商人员信息，加强沟通交流，打好"乡情牌"，同时注重宣传乡镇交通区位优势及劳动力资源优势，尽最大努力争取在外营商企业家回乡发展。利用在外人才过节返乡探亲的机会，组织开展企业家座谈会，邀请已入驻企业家及有意愿投资建厂的企业家参会，畅所欲言、共谋发展。三是打造项目优势，提高招引质量。立足乡镇情况，结合产业转移特点，通过充分调研，反复论证，精心制作、包装项目，建立丰富的招商项目库，着力形成"引进一批、做大一批、储备一批"的良性循环机制。充分蓄积项目，做到有项目可招、有项目可选。

二、提质升级，构建特色产业集群

强镇必有强劲产业增长极。当前多数乡镇产业结构单一、链条分散。一应立足资源禀赋和特色，明确发展定位与目标，制定产业目录，引导空间高效集聚，充分发挥龙头企业在技术扩散、标准制定和市场开拓中的引领作用，带动中小企业集群化发展。二是编制"产业链基础资源图""断链风险图"及产业"合作清单""建议清单""揭榜清单"，合理建设产业园区，形成"孵化在市县，生产在乡镇"的协同模式。三是积极对接中心城市科技、人才、资本等高端要素，促进创新资源下沉，为产业集群持续注入升级动力。四是锚定生产能力提升与产品品质升级的核心目标，推动技改、智改，通过先进的生产加工设备，显著提升生产效率和产品质量。五是培育发展产业和区域品牌，营造品牌发展的良好环境，形成若干质量卓越、优势明显、拥有自主知识产权的企业品牌、产业品牌、区域品牌、优势品牌。最终实现特色产业从分散布局到高效集聚、从初级生产到高价值创造的跃升。

三、利用区位，积极融入发展圈层

区域经济一体化进程加快的背景下，毗邻大城市的、处在市际、省际毗邻地区的乡镇，掌握更多发展优势。区位优越乡镇应主动寻求合作，利用地缘优势，共建联动机制、市场准入、产业平台，共享经验做法，发挥"蝶变效应"，实现"1+1>2"的要素整合。一是加强边际区域跨域协作的制度设计与政策供给，有效激活边际区域跨域协作发展的潜力。二是因地制宜，充分挖掘在资源禀赋、产业基础、生态环境、历史文化、风土民情等方面适合跨域协作的领域，积极推动跨域一二三产的融合发展、新产业新业态的联合培育，及乡村跨域连片组团发展建设。三是建立以公共服务共建共享为同心圆的协作机制。建立跨域共商共建教育、养老、卫健、平安、应急、执法等公共服务协作机制。四是争取上级层面建立边际区域跨域协作平台，加强信息互融共通，推动边际区域在产业集聚、三产融合、乡村建设、人才引育、公共服务共建共享等方面具体开展跨域协作。五是建立跨域协作的组织领导机制，探索借鉴杭金衢市际边际三镇共建共享共富经验，即市（县）—乡镇—村三级协作机制。市（县）人民政府签订跨域建设战略合作协议；乡镇政府建立专项工作推进机制和定期联席会议机制；资源禀赋相似的村建立产业结对、技术帮带、人才共育、用工共享、文化共鸣等村际互助协作机制。

四、高效服务，打造一流营商环境

乡镇政府应始终把优化营商环境作为转变政府职能的重要抓手，不断创新服务方式，提升服务效能，全力为企业保驾护航，助力镇域经济高质量发展。强化各项制度落实，充分发挥"说到做到、随叫随到、不叫不到、服务周到"的"店小二"作用，做好项目跟踪对接，确保具体措施得到有效落实，在项目用地、手续办理、矛盾化解、难点破解等方面提供优质服务，使企业能够招进来、留得住。依托农村人居环境整治提升五年行动，大力改善乡村基础设施建设，营造企业入驻放心、经营舒心、发展安心的良好环境。加强项目推进，落实专班负责、专人帮扶、重点推进工作机制，加强动态管理推进，针对性解决企业诉求，为项目建设提供强有力的要素保障。

第三节　筑高品质生活之梦

当前，面对农村居民对更优人居环境、更便利生活条件、更丰富精神文化及更完善保障体系的迫切需求，乡镇服务中心的不可替代性愈发凸显。要有效承载并满足这些日益增长的高品质生活向往，必须坚持问题导向与目标引领，将完善基础设施作为提升承载能力的硬支撑，将优化公共服务方式作为增强温度与效能的软实力。唯有双管齐下、协同发力，方能在乡镇这一关键层级筑牢农村高质量发展的坚实基础，使农民安居乐业、幸福舒心的美好图景加速成为现实。

一、优化环境，全面提升基础设施

乡镇作为服务农民的重要节点和区域发展的基础单元，亟须系统性、针对性地完善基础设施，以满足乡村居民日益增长的高品质生活需求和乡村产业发展的支撑需要。一方面，要着力提升镇区环境面貌与承载能力，在改造提升集镇风貌、强化管理服务、打造特色文化上下功夫，形成整洁有序、宜居宜业的镇区环境，增强人口集聚和服务辐射能力。另一方面，要全面完善水电路网等基础保障网络。供水方面，重点推进城乡供水一体化或规模化供水工程建设，改造老旧供水管网，提升水质达标率和供水稳定性，保障饮水安全。供电方面，持续实施农村电网巩固提升工程，优化网架结构，提高供电可靠性和电压稳定性，满足分布式能源接入和日益增长的用电负荷需求。道路方面，在实现"村村通"硬化路基础上，重点推进较大人口规模自然村（组）通硬化路，有序实施建制村通双车道公路改造，加强村内主干道和产业路、旅游路建设，完善安防设施。信息网络方面，深化电信普遍服务，推进 5G 网络向有条件、有需求的乡镇及重点村延伸覆盖，提升千兆光网通达率，弥合城乡数字鸿沟。

二、攻坚提标，焕新农村人居环境

纵深推进农村人居环境持续改善，将农村人居环境整治范围由行政村向自然村（组）延伸。一是健全"户分类、村收集、镇转运、县处理"的生活垃圾收运处置体系，推广符合农村特点的分类减量和资源化利用模式。二是因地制宜选择集中或分散处理模式，优先整治乡镇政府驻地、中心村、水源保护区等区域生活污水，逐步提高污水有效治理率。三是巩固现有改厕成果，重点推进未改户厕改造，同步实施厕所粪污无害化处理与资源化利用。四是深入开展村庄清洁行动（如"三清一改"），推进村内道路硬化、亮化，引导农民清理整治房前屋后环境，整体提升村庄洁净美水平。

三、改革赋能，优化公共服务供给

乡镇完善公共服务能力，是抵达民心"最后一公里"、提升农民获得感幸福感安全感的关键环节。一是打造镇村 15 分钟社区生活圈，配齐卫生、养老、教育、文化、体育等设施。二是建立公共服务多元供给机制，培育形成乡镇政府、群团、社会组织、企业等多元主体参与的农村基本公共服务供给体系。三是加大政府购买服务力度，对适宜采取市场方式提供、社会力量能够承担的公共服务项目，应尽可能交由社会力量承担，由花钱养人向花钱办事转变。四是提高公共服务信息化水平。依托统一的政府公共服务平台，推动县乡（镇）之间、县级职能部门之间信息共享、互联互通和业务协同，构建面向公众的一体化在线公共服务体系，推动乡镇公共服务向智慧化、网络化方向发展。四是健全公共服务需求表达和反馈机制。着力完善科学有效的群众权益保障机制，健全公共服务需求表达和评价机制，强化群众对公共服务供给决策及运营的知情权、参与权和监督权，充分发挥各类社会组织在公共服务需求表达和监督评价方面的作用。

四、宜居便民，畅通生活服务圈

乡镇商业贯通城乡、连接生产和消费，是现代流通体系的重要组成部分，推动乡镇商业发展，对促进繁荣农村消费意义重大。因此要积极构建功能完善、便捷高效、品质优良的乡镇生活服务圈：一是创新升级消费业态。积极推动电商、直播带货等新业态向镇村深度延伸，加速线上线下消费融合。探索发展"乡村文旅+""生态康养+"等特色消费模式，深挖本地资源潜力，培育消费新增长点，激发市场内生动力。二是健全乡镇商业网络。科学规划布局，构建以乡镇商贸中心为核心、村级便民商店为支点的多层次服务网络。重点加强偏远及人口集中村商业设施覆盖，完善农产品上行和工业品下行双向通道，打通商品流通"末梢循环"。三是丰富商品服务供给。引导企业根据农村消费结构升级趋势，增加绿色、智能、健康等适销对路商品供给。提升供给品质与精准度，满足农民日益增长的美好生活需要。四是打造乡镇商业集聚区。有条件的乡镇可规划建设集购物、餐饮、休闲、文化等功能于一体的特色商业街区或微型商圈。通过完善配套、美化环境、规范管理，形成便民利商的集聚效应，提升消费体验与吸引力。

第四节　创高效能治理之局

乡镇既是基层政权服务群众的末梢，也是推进基层治理的基本单元。新时代，加强乡镇治理能力建设要从强化党建引领、促进职能和机制转变、汇聚治理人才、完善技术保障等诸多方面进行系统改革，着力提升乡镇的服务能力、组织建设、人才队伍、治理效能，最终实现基层治理体系和治理能力现代化。

一、健全机制，加强服务能力建设

乡镇职能和机制转变是加强乡镇服务能力建设的关键。中央及各级社会工作部的成立，为乡镇持续推进职能和工作机制转变提供了契机。一是在放权赋能过程中赋予乡镇一定的弹性空间。在政策执行的末梢环节，探索赋予乡镇在法律法规积极授权或消极默许的范围内的相应职责，充分考虑群众的具体利益诉求，避免一刀切，更好保障基层群众利益，持续增进民生福祉。二是优化乡镇属地管理。属地管理有助于把问题解决在基层、把矛盾解决在萌芽状态，但容易使一些职能部门把责任转嫁到乡镇。建议明确规定属地管理事项责任清单，系统解决属地管理事项责任边界不清问题。三是健全乡镇与职能部门协同推进工作机制。强化乡镇服务的多方配合协同推进机制，加强乡镇与相关部门的沟通协调，推动部门之间政策衔接、工作对接、信息共享，形成工作合力，多部门合作解决好当前乡镇面临的权责错配问题。

二、凝心铸魂，加强基层党组织建设

党的领导是推进基层治理体系和治理能力现代化的根本保证，需加强基层党组织建设。一是织密组织体系。持续优化乡镇党组织设置，着力提升农村基层党组织标准化规范化水平。深化村（社区）网格化管理，推动党组织有效嵌入各类经济社会组织和治理单元，确保组织覆盖与工作覆盖同步深化，打通联系服务群众"最后一公里"。二是创新治理机制。健全党组织领导下的自治、法治、德治相结合的乡村治理体系。完善"四议两公开""村民议事会"等民主决策监督机制。推广"党建+网格""党员责任区"等模式，推动党员在矛盾调解、环境整治、乡风文明中发挥先锋模范作用，打造共建共治共享格局。三是建强骨干队伍。选优配强乡镇领导班子和村（社区）"两委"班子，注重从致富能手、退役军人、返乡青年中发展党员和培养后备力量。

三、汇智聚力，激活基层治理人才引擎

乡贤治理与青年才俊在基层治理中发挥着重要作用，乡镇政府应系统推进乡贤治理与青年返乡兴乡工作。一是健全乡贤参与机制。建立乡镇级乡贤数据库与常态化联络机制，通过乡贤理事会、参事会等组织形式，引导其在发展规划咨询、矛盾纠纷调解、公益事业建设中发挥参谋助手与桥梁纽带作用。二是搭建青年创业平台。动员知识青年返乡、下乡、兴乡，设立青年返乡创业孵化基地，配套土地流转、信贷融资、技术培训等专项支持政策。重点发展智慧农业、乡村旅游、电商物流等新业态，打造特色创业项目库，通过创业大赛、成果展示等载体吸引青年人才带技术、带项目扎根乡村。三是深化乡情纽带联结，培育新乡贤文化。依托传统节庆、宗亲联谊等载体，开展"故乡行""寻根旅"活动，强化情感认同与文化连接。选树宣传返乡青年典型与新乡贤事迹，营造"尊贤重才、反哺桑梓"的社会风尚，推动形成人才回归、智力回乡的良性循环。

四、数字赋能，升级基层治理能级

为适应新时代发展要求，有效提升基层治理效能，乡镇应着力推进数字化治理体系建设。一是筑牢数字底座，完善基础设施支撑。加快推进乡镇移动网络深度覆盖与质量提升，因地制宜部署物联网感知设备。统筹推进智慧交通、智慧安防、智慧环保等公共设施数字化改造，为全域治理智能化提供坚实硬件保障。二是构建乡镇"数字大脑"，强化智能决策能力。整合各部门管理服务数据资源，建设乡镇级一体化数字治理平台。通过数据集成分析，实现对人口动态、产业运行、环境监测、应急管理等领域的态势感知与智能研判，提升治理前瞻性与精准度。三是打破数据壁垒，深化政务协同共享。严格落实政务数据资源互认共享机制，推动县乡纵向及乡镇内部横向系统互联互通。四是拓展智慧应用，优化基层服务体验。推广"互联网+政务服务"向村居延伸，实现高频事项线上办理、就近可办。探索智慧养老、远程医疗、数字教育等场景应用，运用移动端、自助终端等渠道提升公共服务可及性与便捷性。五是加强数字赋能，提升队伍专业素养。系统开展乡镇干部数字化技能轮训，重点强化数据采集分析、平台操作应用、智慧终端维护等实操能力。

第五章 样本解码

在乡村全面振兴深入推进的新征程上，差异化基因是孕育创新种子的沃土，而本土化的路径探索，终将汇聚成中国式现代化的乡镇答卷。本书列举的样本乡镇如同镶嵌在皖山徽水间的拼图碎片，这些乡镇发展基础各异、路径分野。当剖开这些"微缩景观"，看见的是生动的发展辩证法，资源禀赋的约束可能催生特色化生存智慧，历史包袱的重负反而激发制度创新火花。从大别山麓到长江之滨，从淮北平原到徽州古村落，不同起跑线上的乡镇以适配性改革突破发展阈值。这些带着泥土气息的实践，正为全国乡镇提供超越"千镇一面"的启示录。

肥西县严店镇：
发挥"两园"优势　打造环湖明星乡镇

严店镇，东临巢湖，西接产城融合示范区，南连三河古镇，北邻滨湖新区，现镇域面积78平方千米，辖区人口5.6万人。2022年5月18日，严店乡撤乡设镇，更名为严店镇，标志着严店镇正式进入新的发展阶段。自撤乡设镇以来，严店镇始终秉持新发展理念，紧扣高质量发展主题，在特色产业、招商引资、重点工程等方面持续发力，为镇域经济腾飞注入强劲动力。

抓项目：谋长远之势　筑产业之魂

产业项目快速落地，特色产业做大做强。严店镇通过锚定新能源主导产业方向，深化招商引资行动，跑出产业升级"新速度"。为保障重大关键项目推进速度，成立大项目保障专班，凯瑞特机器人、朗胜新材料、三和管桩等关键项目均实现当年拿地即开工。立足采摘园、星级农家乐等丰富的农旅资源优势，成功打造润雨生态园、百果园、美林湾等一批生态旅游品牌。积极实施三联樱桃产业园、油坊冷链仓储等特色项目，推广高效生态农业，建立特色农产品基地，农产品价值进一步提升。引江济淮4#、5#弃土区复垦高标农田成功建成，环湖万亩高标良田示范带建设有序推进，农业基础设施持续升级焕新。

市场经济蓬勃发展，总部经济纷至沓来。肥西百大物流园2024年9月8日正式开业，引进国内知名行业代表500余户入驻经营，商铺入驻率达95%以上，全场累计实现交易量22.2万吨，交易额31.93亿元。立足区位和交通优势，打造小型建筑业办公总部基地，招引泰和城建、兴水水利、阜顺建筑、尚大建设等公司总部入驻，达产后预计实现年产值15亿元，年税收不低于4000万元。此外，严店镇还成功举办悦享严店采摘节、肥西县水稻开镰仪式等重要活动，承办县农民丰收节活动，线上线下深度展现严店文旅新IP，余稻塘龙舞、油坊挂面成功申报县级非遗，文旅品牌大放光彩。

项目要素全力保障，重点工程全力推进。严店镇快速推进高速连接线和宿松路南延两条重要道路征迁工作，完成全部房屋征迁和坟墓、苗木迁移。建成刘河幸园、百大和园等2个安置点，刘河福园年底交付，百大美园、刘河安园等2个安置点建设正有序推进。此外，还依托江淮运河，精心筹划江淮会客厅项目，项目占地总面积634亩，计划投资3.2亿元，着力打造严店功能性阵地。

重民生促和美　共筑美好宜居梦

民生福祉持续增进。严店镇的镇村干部集中攻坚征迁"硬骨头"，完成 3 个重点村居 197 户拆迁，顺利完成百大和园、刘河幸园、刘河福园共 2727 户、3559 套房屋、6037 名群众安置，切实保障民生福祉。同时，该镇对公共资源进行优化整合，合肥八中铭传高中严店校区合作共建签约；争取上级资金 40 余万元建成 120 平方米科普馆；克服多重困难，实现城乡供水一体化，全方位推动公共服务提质增效。在社会保障领域，全年累计发放低保等孤、老、残、幼补助资金 1692 余万元，养老保险参保 15940 人，城乡居民医保参保 42919 人，参保率较上年大幅提升。

镇村环境更加靓丽。为提升人居环境，严店镇投入 440 万元对 5 个中心村的基础设施实施改造升级，开展劳光社区等 5 个美丽宜居村庄建设；持续推进镇域内严刘路等主干道近 13 千米绿化生态建设。对于文明创建，严店镇做到常抓不懈，大力开展乱停乱放专项整治行动，精准发力 3 个中心街道，对标主城区，实施网格化管理，实现车辆归位，顺向、对向停车，镇域面貌焕然一新。值得一提的是，该镇扛牢打造"巢湖最好名片"政治责任，高效开展河湖治理，全年处置蓝藻藻浆 760 万方、藻泥 1 万余吨，实现全年蓝藻无异味，河长吹哨和整改完成率均达 100%。顶住巨大压力，清理散乱污企业 24 家。开展整治倾倒建筑垃圾专项行动，让违法人员谈"严"色变，牢守环境保护的底线。

政府效能不断提升。严店镇通过改进机关考勤，纪委、效能办持续督查，按月通报，确保在岗在位在状态；开展全镇范围内党员干部和公职人员酒驾醉驾、赌博问题专项整治，实现全年赌博、酒驾醉驾 0 发生。对于年轻干部进行系统培养，实施"比选择优 墩苗计划"，选派 13 名机关年轻干部到基层一线蹲点锻炼，参与征迁、信访等工作，培养中坚后备力量。持续举办 23 期机关干部大讲堂，班子成员、二级机构负责人轮流授课，定期汇报重点工作进展情况，以学促干，提升团队向心力、战斗力，干部素质不断提高。

发挥"两园"特色　将区位优势转化为发展胜势

2025 年是"十四五"规划的收官之年。下一步严店镇将积极投身发展浪潮，以高度的使命感与行动力响应"五比五拼"行动号召，全力打造环境优美、产业突出的环湖明星乡镇，精心谋划，全面布局，以"两园"加快推动产业转型升级为切入点，让区位优势转化为高质量发展胜势。

坚持规模和效益并重，加快构建现代化产业体系。一是推进百大物流园做大做强。丰富百大物流园经营业态，引入蔬菜、水产等品类，吸引更多优质商户和企业入驻，形成集聚效应，提升园区的商业活力和辐射能力。百大物流园二期项目正式开工建设，全年实现限上商贸业纳统指标突破 20 亿元，引入不少于 1 家百大集团旗下超亿元子公司。争创百大物流园 2 个"国字号"荣誉，打造园区的品牌形象和核心竞争力。二是推动严店工业园提质增效。聚焦"零税收"、低税收企业，实施动态清零策略。扎实开展园区升级工作，以提升亩均税收为抓手，推动园区产业向高端化、集约化方向发展，力争亩均税收提升幅度不低于 10%，全年存量厂房去化率不低于 70%。加快朗胜新材料、三和管桩二期、黄埔机械等 3 个重点项目建设进度，本年实现竣工投产。三是加快低空产业园落址进度。积极对接国先中心、县科技局、县发改委等部门，全力争取低空经济产业园选址落地严店，启动低空经济产业园规划编制、土地报批等前期工作，将低空经济产业作为未来镇域经济发展重心，着力打造成为具有区域影响力的低空经济产业高地。

坚持用情和用力并举，打造优质营商环境。全面梳理各级政府惠企政策，精准推送符合企业的政策信息，完善企业包联机制，力争镇级层面化解率 100%；高效解决项目推进难题，节点完成率达到 95% 以上；推动重点制造业企业主辅分离及工贸分离，助力企业"小升规、分转个、个转企"。大力弘扬新时代企业家精神，着力营造良好宽松的干事创业氛围，重点围绕主导产业，招引"5+X"重点产业企业，力争全年签约 1 亿~10 亿元规模企业 3 家以上，招引 10 亿元级重大项目 1 个。重点引进光伏储能领域优质项目不少于 2 个，签约高端农业种植及农产品精深加工龙头企业不少于 2 家，进一步增强镇域经济发展活力。

坚持兴业和宜居并进，全面推进乡村振兴。2025年严店镇实现村集体经济收入100万元以上全覆盖，村均经营性收入超230万元、村均经营性收益不少于90万元，实现党组织领办合作社村居全覆盖。2025年实现"揭榜挂帅"500万元村2个。完成2025年衔接资金项目管护及分红，增强群众获得感和幸福感。现代农业领域，一产增加值增速不低于4%，规上农产品增加值不低于8%，新增1家规上农产品加工企业，争创知名农产品品牌。年内完成东南等地高标准农田竣工及引江济淮排泥区复耕，对1.41万亩已建成高标准农田统一流转运营。此外，促进农村人均可支配收入增长5%，保障二轮承包延包平稳推进，9月底网签超95%。巩固脱贫成果，实现脱贫户参保率达100%。加快润雨研学厅筹备，8月底前开工。完成10个美丽宜居自然村建设项目。依托江淮运河，推动严戴岗村项目开工，打造江淮运河百里画廊会客厅。

坚持效率和成效并举，持续增进民生福祉。积极协调推进引江济淮安置点四期建设，完成报批手续，力争年底落实项目建设资金来源，争取苏小自建房报县委、县政府审批通过，研究并确定百大商品房回购及货币安置分配方案，切实解决群众安置需求。同时，聚焦重点群体就业需求，全力做好2025年度高校应届毕业生就业帮扶工作，针对退捕渔民，建立常态化就业帮扶机制，提供就业指导与技能培训，力促退捕渔民转产再就业率实现100%。扎实推进城乡居民养老保险工作，高质量完成年度城乡居民养老保险参（续）保任务。为强力化解信访难题，严店镇坚持和发展新时代"枫桥经验"，用好"六尺巷工作法"，强化信访法治化建设。信访案件合理合规诉求解决率100%，不新增进京访、到省集体访。争取化解信访积案5件，建成1个名人调解工作室。

巢湖市炯炀镇：
小城镇爆发大"引力"

巢湖市炯炀镇南濒巢湖，西与肥东县桥头集镇接壤，镇域面积 159.59 平方千米，户籍人口 7.08 万人，常住人口 5.93 万人，下辖 15 个村委会和 2 个农村社区，是安徽省首批"扩权强镇"试点镇之一，副县级建制。炯炀镇先后获评"全国文明镇""全国乡村治理示范镇"称号，上榜"2024 安徽乡镇综合竞争力百强"，获评"全省和美乡村建设表现突出集体"。

破——蓄势聚能，谋求发展拐点

炯炀历史久远，宋代成集，繁荣明清，因自古以来是通商重埠、物流集散地而得名，距今已有 1000 多年历史。全镇经济社会发展基础雄厚，区位交通、历史人文、发展配套、自然资源等比较优势十分突出。

这里区位优越，交通便捷。位居省级政务中心半小时经济圈，境内省道 105、方兴大道东延快速路、S18 宁合高速（设置烔炀枢纽）横贯东西，S90 芜合高速支线（设置烔炀枢纽互通 1 处）、烔炀大道、半岛大道纵横南北，滨湖大道环抱巢湖，城际轻轨将在烔炀设立站点。30 分钟内即可抵达 4 个高铁站（合肥南站、巢湖东站、长临河站、柘皋站）、5 个高速道口（合巢芜半汤道口、王铁道口、柘皋道口、合肥绕城龙塘道口、合宁栏杆集道口、S18 鲍岗道口、S90 太和道口）。距合肥新桥国际机场、南京禄口机场分别 65 千米和 120 千米；距巢湖港 25 千米，京福高铁、淮南复线穿境而过。

这里商贾云集，经济繁荣。烔炀镇工业园区目前集聚中小工业企业 70 多家（规上工业企业 27 家），其中高新技术企业 22 家、产值超亿元以上企业 6 家、10 亿元以上企业 1 家、国家级"专精特新小巨人"企业 1 家、省级专精特新中小企业 5 家。初步形成了以装备制造、汽车电子配套、新型建材为主导的产业体系，正加快培育以智能家居配套为主导的新质生产力。

这里环境优美，资源丰富。拥有 15 个省级美丽乡村中心村、55 个美丽宜居自然村庄；凤栖梧民宿获评"皖美金牌民宿"，烔栖南喃民宿获评"皖美银牌民宿"。凤凰村、中李村相继入选安徽省首批、第二批和美乡村精品示范村建设名单，乡村旅游资源丰富。以烔炀老街、李克农故居、月亮湾湿地、唐嘴水下遗址、凤凰凤栖梧民宿等为载体的文旅业态加速崛起。以太和樱桃、歧阳桃子、唐嘴紫云英、巢湖番茄、中李蓝莓等农产品为抓手，以桃花观赏、小龙虾捕捞活动、自行车赛等为载体，加速打造农文旅融合基地。

立——谋篇布局，重塑崭新格局

坚持抓工业稳增长，经济发展迸发新活力。近年来，巢湖市烔炀镇紧扣高质量发展要求，牢牢把握长三角一体化、滨湖科学城实体化等发展机遇，2024 年全年完成一般公共预算收入 1.004亿元，税收收入突破 2 亿元，经济发展迸发新活力。持续提升产业发展质效。一是持续提升产业发展质效。围绕以装备制造（新宇环保、金鸿电缆、尚德环保、尚德轨道、中科贝伦、凤凰机械）、汽车电子配套（科拜尔材料、新思考电机、博扬精密、兴振模具、中孚胶粘）、新型建材（泰山石膏、巢能建设、鑫泰亿达、巢科智能）三大主导产业开展延链、补链、强链，推动战略性新兴产业集群发展壮大。二是坚持"大抓项目、抓大项目"。按照新建项目抓进度、续建项目抓投产、拟建项目抓基础的要求，强化跟踪服务，狠抓要素保障，及时破解难题，保证签约项目早建成、早投产、早见效。三是坚持"靠前服务"。组建企业"一对一"发展专班，从招商、签约、建设到投产实行"一站式"服务，逐步实现"烔炀事情烔炀办""烔炀的事情不出烔炀就能办"的目标，全力打造高效、便捷的营商环境。

坚持抓巩固促振兴，农业农村焕发新生机。在发展经济的同时，坚持将粮食安全放在首位、抓在手上、落实在行动上。一是不断筑牢粮食安全底线。2024年建成高标准农田2.87万亩，累计建成6.36万亩，恢复耕地5834亩，获合肥市政府2024年度耕地保护工作成绩突出乡镇表彰。积极推进小麦生产全程机械化、水稻机械化插秧，完善农机购置与应用补贴政策，2024年全年完成粮食种植10.1万亩，完成机插秧2.4万亩。二是坚持培育壮大农业经营主体。培育2家省级示范家庭农场、12家市级和县级示范家庭农场、2家省级农民专业合作社、3家市级和县级市级示范合作社，发挥龙头带动示范作用，打造烔炀滩梨、姚王小菜等知名品牌，为乡村振兴奠定基础。"烔炀滩梨"获国家地理标志证明商标。三是加快推动产业蓬勃发展。实施衔接资金项目10个，出租工业厂房、扶贫车间，村（社区）增加分红收入245万元，脱贫人口人均收入增长15.3%。通过盘活空置厂房、发展第三产业等方式，全面实现村级集体经济育强消薄，充分激发村级集体经济内生动力。2024年底，全镇各村（社区）集体经济经营性收入全部达50万元以上，"百万元村"达10个。

坚持抓生态促融合，镇村面貌呈现新变化。瞄准宜居宜业，推动城乡建设提质增效。一是聚焦生态治理。健全秸秆禁烧常态化防控和矿山打非动态巡查机制，进一步落实河长制，巩固巢湖"十年禁渔"成效。启动亚行贷款项目挂网招标工作，统筹水资源利用、水生态保护、水环境治理，巢湖北岸烔炀岸线未出现规模性蓝藻聚集，烔炀河、鸡裕河实现全年地表水水质稳定达标，烔炀河入选省级"幸福河湖"。二是聚焦文旅融合。南湖方民歌村项目、老街修复项目等一批在建、拟建项目渐次落地，中李、指南、炯西等沿湖片区文旅发展稳步推进，炯炀大文旅发展格局雏形初显。围绕河湖山景、人文历史，加快中李和美乡村精品示范村项目建设，持续推进炯炀河 AAA 级旅游景区创建，每年文旅产业带动就业百余人，增收 200 余万元。三是聚焦品质提升。强化国土空间规划和用途管制，严守"三区三线"，完成乡村振兴基地、和美乡村等相关地块控制性规划报批及详细规划设计方案工作。持续推进城镇品质提升项目，加快推进集镇停车场、充电桩等公共设施建设，提升群众幸福感、获得感。积极开展文明创建志愿服务活动，组织镇村干部常态化包保路段，营造整洁有序、平安和谐的集镇环境。

生——乘势而为，激荡城镇生机

着力补短板惠民生，跑出城乡融合"加速度"。继续实施15项民生实事项目，创建充分就业社区 1 个。加快建设完善发展基础，加快自来水厂二期续建、教育综合体、农贸市场、大型商业综合体等项目推进力度。通过举办现场招聘会、外出招引优秀人才，支持高校毕业生等到炯炀企业实习就业。教育教学质量逐步提升，就医诊疗新格局加快构建，老年助餐有序运营，老年学校实现村级全覆盖。

着力强治理提效能，激活乡村振兴"源动力"。创新打造"流动课堂""凤凰星语""荷塘议事""新桥心语"等议事平台，探索"四个一点"工作模式，议好乡村发展、村民急难愁盼和日常事务。创新"四访"工作法，有效解决各类民生问题1157件，调处成功率达98%。创建"安徽省民主法治示范村（社区）"2个、"合肥市民主法治示范村（社区）"7个。推深做实党建引领信用村建设，农户采集率99.97%，乡风文明评议100%。坚持以文明乡风助推基层善治，梁邦定入选"中国好人榜"。

着力抓源头促稳定，打好服务保障"组合拳"。实行三级信访工作例会、驻村接访等制度；扎实开展市场、餐饮行业燃气消防、重大事故隐患等专项整治行动，确保全镇安全生产形势持续稳定。下大力气解决农民工工资拖欠问题，获评合肥市根治欠薪冬季专项行动工作表现突出集体。烔炀基督教堂、巢湖蛮张基督教聚会点等6个聚会点视频监控全部接入"雪亮"工程。常态化开展扫黑除恶斗争，反电信诈骗、"黄赌毒"专项治理和"双提升"等工作，全镇安全生产、生态环境保护形势平稳。

当前，烔炀镇正以开阔的胸怀抢抓发展机遇，推动一二三产业深度融合发展。开放包容的烔炀镇、热情淳朴的烔炀人，真诚欢迎各地的企业雄才、商贸高手来此投资开发、置产置业、大显身手，共同将烔炀镇打造成为有活力、有魅力、有温情的现代化小城镇。

濉溪县濉溪镇：
打好高质量发展"淮海战役"

濉溪镇作为濉溪县城关镇，毗邻淮北市区，素有皖北古镇、千年口子、运河故里、酒乡煤城之称。近年来，濉溪镇先后荣获全国乡村治理示范镇、安徽省"小个专"党建工作示范街（区）、安徽省"五个好"乡镇党委标兵、安徽省人民群众满意的优秀公务员集体、安徽省电子商务进农村全覆盖工作示范镇、安徽省森林城镇、安徽省第三和第五届文明镇、安徽省民族团结示范镇、安徽省第二批皖美红色物业等。

在抢抓机遇中勇挑重担

产业是经济发展的根基。濉溪镇立足自身资源和区位优势，积极顺应产业变革趋势，大力推进产业结构调整与升级，构建起了多元发展、多点支撑的现代化产业体系。

电商赋能，激活传统产业新动能。通过政府主导的"电商+"，十年磨一剑，深度融合传统产业与电商新业态。学习借鉴临沂兰山区、徐州睢宁县经验做法，起草《关于建设濉溪电商直播基地的汇报》，包含项目选址、项目运营、租金标准、运营考核等内容，建成了2个总面积近25000平方米的直播电商基地，吸引超180家企业入驻。2024年全镇电商销售额达6亿元，培育年网销额超千万元企业15家，带动就业超1000人。2025年，全市电商直播大赛即将开幕。成功获评国家众创空间、省级电商强镇、省级县域电商特色产业园区，成为镇域经济转型升级的标杆。

阳光征迁，夯实项目建设地基。面对河西八里地块470份协议推翻重来、二里地块60个钉子户难题亟待破解的不利局面，在县委的支持下，成立高规格的指挥部，拉开了百日拆迁攻坚战序幕，指挥部实行挂图作战、挂帅领战、挂牌督战，实时调度项目难题，事不过夜，强势推动征迁工作，刷新了县城片区拆迁速度，近年来，共征地400多万平方米，安置群众9000余户。坚持政策全过程公开、群众全过程参与、资金全过程监管、第三方评估全过程跟进，做到一把尺子量到底、一个方案执行到底，打造"阳光征拆"濉溪镇样板。

项目驱动，打造现代服务业新高地。聚焦"现代文旅新城、绿色生态新城"建设，以"高品质、新亮点、绿环境"的创新载体为切入点，全力将区位、资源、生态优势转化为发展胜势，围绕高端文旅、新材料、绿色食品、装配制造等主导产业，成功引进万达商业综合体、桂语春风、双墨阁大酒店、乾隆湖电商直播基地等 28 个重大项目，3 年来引进内资 20 多亿元，扛起了主城区服务业发展"顶梁柱"重任，为全县高质量发展添砖加瓦。

在深耕乡村中彰显担当

从靠天吃饭到靠技生金，从传统农田到智慧沃野，濉溪镇以"院所技术导入+本土化改良+新农人运营"的创新模式，通过政策扶持、产业融合、科技赋能，不断推动农业强、农村美、农民富的画卷在皖北平原的沃土上徐徐展开。

科技兴农，下好种子芯片先手棋。濉溪镇依托主城区科研优势，深化"产学研"合作，促进农业科技成果转化和应用。继 2023 年"黑麦"济紫麦 2 号突破亩产 763.2 千克后，通过"核心育种+飞地种植"模式，在主城区外构建产业辐射带，刘桥镇、南坪镇黑麦面粉加工相继投产，形成跨镇联动的特色产业集群。引进中国农业科学院"中油珠玉"新品种，经过王冲孜村果学园两年科技化栽培，成功实现本地化种植突破，使新品种成熟期提前至 5 月上旬，填补早熟黄肉油桃市场空缺，亩效益可达 2 万元以上。

三产融合，激发乡村振兴新活力。濉溪镇坚持以党建为引领，统筹产业、人才、文化、生态、组织全面振兴，培育了一批新型农业经营主体，深化"一村一项目"实施，打造了精品果蔬、黑小麦、中药材等特色农产品种植基地，并延长农业产业链。近年来，借力"千年古集·烟火蒙村"庙会，深入挖掘乡土文化，凝聚乡土之美、人文之美；新增实施集体增收项目20多个，5个村集体经营性收入均突破100万元，蒙村果蔬种植专业合作社入选2024年中国农民合作社500强名单，促进了农村一二三产业融合发展。

在开放合作中互利共赢

开放带来进步，合作实现共赢。濉溪镇积极融入长三角一体化发展战略，不断加强与周边地区的合作交流，拓展经济发展的空间。

跨域联动，织密长三角合作网络。濉溪镇与上海市长宁区新华路街道签订加强合作交流协议，打造"'新''濉'意动"党建共建模式，双方在党建引领、产业发展、人才培养等领域开展深度合作。通过与新华路街道的合作，濉溪镇学习借鉴了长三角地区先进的发展理念和管理经验，引进了一批优质项目和企业，促进了经济的快速发展。

文旅融合，擦亮生态文化新名片。濉溪镇注重历史文化与生态旅游的融合发展，深挖本地历史文脉、古城文化、历史典故，串联河、湖、池、滩丰富水体空间，倾力打造濉溪古城、南大街、乾隆湖景区，成为淮北地区文旅产业标杆。濉溪古城获评"全省商文旅融合发展集聚区"荣誉称号。

在经济发展中共享成果

经济发展的最终目的是改善民生。濉溪镇始终坚持以人民为中心的发展思想，把保障和改善民生贯穿工作始终，不断满足人民群众对美好生活的向往。

精心设计方案。紧扣"12345"发展思路，聚焦县城片区功能定位，结合群众需求，以保留利用提升为主，推进城市有机更新和微改造，打造"5分钟、15分钟"共享生活圈。

片区更新提质。近年来，濉溪镇深入践行"人民城市人民建，人民城市为人民"的发展理念，以"高标定位、城市更新、服务提质、治理增效"为抓手，统筹推进城市更新。采用"先体检、后更新"模式，谋划建设河西、旧城、乾隆湖三大片区66个项目，濉溪酿酒遗址博物馆开馆运营，双墨阁大酒店加快建设，虎山北路菜市场焕新升级，老濉河、溪河滨河景观带品质升级，北环欣居、民主新村项目即将交付，"一面三中心"（城市新封面、商业中心、文旅中心、康养中心）建设初步成型。

设施补短提能。推进城区污水管网全面"体检"，完成污水管网、排水管网、排涝泵站提升项目施工设计方案，智慧停车EPCO建设项目即将试运营，基础设施短板加快补齐。优化服务供给，提升共享生活圈品质。

打造邻里服务标杆。坚持问需于民，累计发放调查问卷2万余份，结合居民需求，对收集的各类诉求建立"每日记录、周每总结、每月分析"的常态化闭环管理机制。相继建成王冲社区等5个邻里中心，打造健康管理、文体娱乐、康养驿站、维修服务等9大场景，深受辖区居民欢迎。

深化智慧服务应用。创新治理模式，激活共享生活圈活力。坚持把数字元素深度融入基层治理各个环节，搭建形成全市首家"接诉即办+网格管理+吹哨报到"一体化平台"濉时 e 办"，形成党建、管理、综治、服务"一张网"，推动诉求受理直达一线、直达现场、直求结果。目前累计接办事项 10000 余件，事项处置率达 99% 以上。濉溪镇入选省级智慧社区建设联系点，"濉时 e 办"畅通基层"微治理"项目获评全省 2024 年度群众广泛欢迎的领办项目。

织密基层治理网络。结合区划面积、人口数量、居住环境等因素，统筹用好公安、市场等条线力量，精准划分 156 个综合网格，切实托牢基层治理基本面。按照网格点设在"人窝里"的原则，首批分类建设"三零工作室""健康生活 4S 中心""小哥驿站""工匠铺"等网格点 28 个。全面推行"社区党组织+业委会+物业"三方联动机制，建立物业"红黑榜"考核制度，常态化开展"我对物业有话说"活动，多元共治格局逐步形成。

"梦虽远，追则能达；愿虽艰，持则可圆。"濉溪镇将坚持以习近平新时代中国特色社会主义思想为指导，紧扣"保十争百"目标，凝心聚力、锐意进取，以勇挑大梁的责任担当，以"誓争第一"的决心，用高质量发展的实际成效，在推进全县高质量发展中走在前、做示范，全面争创全省综合经济实力"十强镇"。

谯城区古井镇：
打造内外兼修"徽酒名镇"

古井镇，位于亳州市谯城区西北部，东临京九铁路，西与河南省周口市接壤，北与河南省商丘毗邻，镇域面积118平方千米，常住人口4.5万人。古井镇因酒而兴、因酒闻名，是中国老八大名酒之一——古井贡酒的产地，素有"皖北第一镇、徽酒名镇、白酒特色小镇"之美名，先后荣获"全国重点镇""全国环境优美镇""全国建制镇示范试点"等荣誉称号。

在产业发展中打造最强古井

古井镇紧紧围绕白酒产业振兴和白酒小镇建设目标，共投资近20亿元完成小洪河生态绿化整治、沿街立面整治，及双创产业园、路网、安置小区等基础设施类和产业发展类项目。2024年，围绕白酒产业和华夏酒城建设，精准招商，全年引进亿元以上项目10个，固定资产投资在库项目 23 个，规上工业总产值约 18.03 亿元，累计增速 16.86%。实现一般公共预算收入 5424 万元，位居全区前列，完成工业固定资产投资 8.43 亿元，招商引资和工业经济工作在乡镇街道位居第一，获评"全区优化营商环境工作先进单位""发展壮大村集体经济六强镇"等荣誉称号。药王村成功申报省级和美乡村精品示范村，年度投资 1000 余万元提升基础设施建设水平，为下一步打造"药都酒香村"，融合发展农文旅商奠定基础。

为激发市场主体活力，古井镇将贯彻省市区优化营商环境推进民营经济高质量发展会议精神，持续优化营商环境，全力支持民营经济发展，用足用活助企纾困政策，全面帮助企业解决用地、融资、人才等方面问题，助推企业走向更加广阔的舞台。牢牢抓住聚力建设华夏酒城和市区对白酒产业扶持的发展机遇，大力开展"扶优育规"工作，全面帮助白酒企业"小升规""规升巨"，扩大古井镇白酒及配套产业产值规模，激发白酒产业发展活力。同时，立足白酒产业聚集区等优势，精准产业对接、精准政策供给、精准要素配置，争取落地更多科技含量高、发展潜力大的好企业好项目，以项目增动力、促发展。推动农业产业优化升级，着力打造农业高质量发展示范区。

在改革创新中打造活力古井

近年来，古井镇大力发展村集体经济，2024 年引领和谋划村集体经济发展项目 4 个，乡村振兴项目 3 个，全镇 12 个村全部位列集体经济强村之列，4 个村集体经济收入超 100 万元，其中杨楼村高达 755 万元，合计分配基础设施建设类收益 166 万元，福利分红 55.4 万元，现金分红 11.8 万元，绩效奖励 13 万元。4 个党组织和 7 名镇村干部获得省、市、区级荣誉，基层党建始终位于全区第一梯队。建立绿色高质高效示范区 1 个，亳州市谯城区李向光家庭农场，土地流转规模 1000 亩；建立区级示范家庭农场 3 个，千亩以上的小麦高产示范片和玉米高产示范片各 1 个。全镇有 48 家经营主体共流转土地 1.3 万亩，村集体领办新型农场流转土地 300 亩以上的 12 家，进一步发挥村振兴公司作用，加快推进新型村级集体农场建设，更好壮大村集体经济。

据统计，2024 年全镇农机作业托管服务面积占比 95%，小麦秸秆收储离田面积 18460 亩，其余全面还田。建立绿色高质高效示范区 1 个，建立区级示范家庭农场 3 个。

为推进基层治理现代化，古井镇全力以赴抓安全稳定。一是持续加强安全生产。深入贯彻落实习近平总书记关于安全生产重要论述精神和上级决策部署，坚持"'一岗双责'，党政同责"的安全管理总要求。完善应急救援体系，加强应急物资储备，全面提升防灾减灾抗灾救灾能力，全力保障人民群众生命财产安全。二是深化平安古井建设。抓好矛盾纠纷排查调处，落实落细矛盾纠纷排查制度，对排查出的问题和矛盾及时处置，努力把各种矛盾、问题解决在基层和萌芽状态。健全"党建+信访"工作机制，集中开展公开接访、带案下访、主动约访，抓好市长热线、群众线上诉求办理工作，着力解决好人民群众急难愁盼问题，健全基本公共服务体系，提高公共服务水平。常态化开展扫黑除恶专项斗争，严厉打击电信网络诈骗等各类违法犯罪行为，持续开展平安夜巡，完善社会治安防控体系，确保社会大局安全稳定。

在促进宜居宜游中打造特色古井

2024 年，古井镇修缮农村道路 10 条 27 千米，新建、修复桥梁 23 座，畅通 5 个村交通出行，新钻农田机井 15 眼，疏通中小沟渠 29 千米、提升配水引水管网工程 41.3 千米，有力保障了全镇农田灌溉用水和农民基本饮水；修建路灯 85 盏、井盖 100 余个，完成改厕 200 户，有效提升了辖区内基础设施建设水平，群众生产生活更加便利。目前，全镇范围内和美中心村、联排规划村、环境宜居村，呈多点开花之势，连点成线、扩线成面，"中华药都酒香，皖北原乡生活"已初具雏形。低保、监测等重点人员医保参保率达 100%，一般居民参保率超全区平均水平。大病救助贫困家庭 30 人次，发放救助资金 30.38 万元。1793 户 2632 人享受低保，累计发放低保金 800 万元。发放困难残疾人生活补贴、重度残疾人护理补贴、80 岁以上老人高龄金额补贴 261.7 万元，惠及 3000 余人次。坚守"义务教育有保障"工作底线，义务教育、学前政府和学前园内共资助 1309 人次，资金 57.17 万元，辖区内 8480 名适龄儿童受教育权得到有效保障，保学控辍率 100%。

为推进和美乡村建设，古井镇常态化开展"美丽庭院"等评选活动，强化村庄规划管理，推进农村生态环境建设和村庄绿化美化亮化，加强长效管护机制建设，让农村环境从一时美向长久美转变。积极争取和美乡村省级中心村建设项目指标，加大"和美乡村精品示范村"申报力度，持续提档升级乡村道路、供水、物流、数字乡村等基础设施，高质量推进宜居宜业古井建设。此外，该镇还健全常态化防返贫动态监测帮扶机制，完善分类社会救助体系，发挥"防返贫"兜底保障作用，坚决防止发生规模性返贫。紧盯医疗保障和安全饮水，持续跟踪脱贫人口、监测对象参保和医保政策落实情况，建立健全农村供水工程长效管护机制。聚焦产业发展，发展壮大村集体经济产业，完善联农带农机制，带动脱贫群众稳定增收。同时，严格执行生态保护管控措施，坚决打好蓝天、碧水、净土保卫战。抓好秸秆禁烧和农业面源污染整治，继续做好水环境整治和酒糟晾晒管控。严格做好畜禽养殖粪污处理，杜绝污染水源、影响群众正常生产生活现象的发生。

为提升人民群众幸福感，古井镇全力以赴抓民生福祉。一是加强基础设施建设。进一步完善"药王民俗村"内部和外部配套建设，打造集食宿、旅游、休闲于一体的样板民宿。加快白酒小镇会客厅建设，进一步完善周围旅游配套设施。围绕道路桥梁、农田水利、危房改造等短板弱项，积极主动争取衔接资金、道路交通等建设项目，多方位多渠道改善农村基础设施，夯实农村发展基础。二是强化公共服务保障。深入落实50项民生实事，高质量推进 10 项暖民心行动。稳步推进就业服务工作，加大技能培训力度，有序组织为企业送工、帮群众就业。持续巩固紧密型医共体建设，进一步提升乡镇卫生院、村卫生室医疗救治水平，完善基础教育设施，提升教育教学质量。持续关注特殊群体，落实落细基本养老保险、医疗保险、城乡居民最低生活保障工作，统筹做好医疗救助、临时救助、救急难等社会救助工作，让困难群众感受更多温暖。

展望未来，古井镇将紧紧围绕长三角区域一体化发展的历史大局，积极对接长三角交通一体化建设的战略机遇，争取实现地区生产总值增长 6.5% 左右，一般公共预算收入增长 5% 左右，规模工业增加值增长 10% 左右，固定资产投资增长 7.5% 左右，城镇和农村常住居民人均可支配收入分别增长 5.2%、8% 左右的目标。

蚌埠市经开区长淮卫镇：
淮畔明珠的崛起之路

　　长淮卫镇，宛如一颗镶嵌在淮畔的璀璨明珠，作为蚌埠市的东部门户，其地理位置得天独厚。近年来，这座古老的滨河小镇，正经历从传统码头向现代城镇的加速蝶变，依托自身卓越的区位优势，实施产业升级战略，逐步成为区域经济增长的新支点。2024年，长淮卫镇首次入选安徽省综合实力百强镇榜单，位列全省第62位、全市第3位，标志着其在经济建设、社会治理、基础设施建设等多个领域实现均衡发展，取得实质性的重大突破。

位置优：承东启西贯通南北　打造皖北东部枢纽

　　长淮卫镇地处蚌埠市东部枢纽的关键位置，具有"承东启西、贯通南北"独特的区位优势。向东，它紧密连接着凤阳县的产业腹地，为产业的拓展与合作提供了广阔空间；向南，与蚌埠大学城的科创板块相邻，能够充分汲取科技创新的活力与智慧；向西，依托国家 AAAA 级风景区龙子湖生态文旅区，尽享生态与文化旅游资源带来的发展机遇；向北，靠临淮河这一黄金水道，为水运物流的繁荣奠定了坚实基础。

优越的地理位置为交通建设提供了得天独厚的发展条件。在其境内，形成了"铁水公空"四位一体的立体交通体系：京沪铁路、淮宿蚌城际高铁纵贯全境。华东地区最大的铁路货运编组站——蚌埠东站坐落于镇域之内。距蚌埠高铁南站 10 分钟车程，1 小时可达南京、合肥，2 小时可达上海，3 小时可达北京。蚌五高速公路穿城而过，宁洛、合徐高速公路依城而行。千里淮河奔流而过，长淮卫淮河大桥、司马庄路淮河大桥、京沪高铁桥连通南北，蚌埠港中诚国际码头通江达海。距蚌埠滕湖机场 1 小时车程，距合肥新桥机场 1.5 小时车程。

这些得天独厚的区位优势，共同构建起了连接长三角城市群的高效物流网络，为长淮卫镇的经济腾飞插上了翅膀。

产业兴：聚焦主导产业　加速产业集聚

制造业是实体经济的基础。近年来，长淮卫镇聚焦电子信息、新能源、硅基新材料、装备制造、绿色食品五大产业，加快构建现代化产业体系。全力做好招商引资工作，组建专业招商团队，2024 年累计开展外出招商活动 226 次，建立"线索收集—项目研判—落地服务"全流程工作机制，成功签约亿元以上项目14个，总投资22亿元。其中，制造业项目9个，总部经济项目3个，服务业项目2个，构建起多业态协同发展的良好格局。

截至目前，镇域范围内有弗迪电池、奥福科技（SH.688021）、安徽建工（SH.600502）、宏业集团、神舟机械、大力熊、富博新材等工业企业81家，其中规模以上工业企业9家。临港科创产业园、智能制造产业园、医疗器械产业园、新材料产业园70万平方米标准化厂房可满足不同类型企业入驻需要。

在产业协同方面，长淮卫镇现代农业与特色产业齐头并进，协同发展，取得显著成效。"一村一品"做好土特产文章，长淮卫镇农产品直营店2025年上半年营业额突破100万元，积极打造"长淮猪蹄""小磨麻油"等品牌；宏利鹌鹑养殖专业合作社上半年实现营收1200万元。通过土地流转、入股联营、河滩地发包等方式持续壮大村集体经济，累计增收超百万元。乡村振兴产业园建成交付，是蚌埠市辖区首个入股联营模式在集体建设用地上建设的产业园区，为产业多元化发展增添新动能。

依托多维度的竞争优势，长淮卫镇正通过不断优化产业结构、深入挖掘区位价值、全面提升综合承载能力，持续增强自身的发展后劲。其"产业＋区位＋配套"的协同发展模式，为皖北地区新型城镇化建设提供了极具借鉴意义的实践范本。

发力准：聚焦关键领域　夯实要素保障

2024 年，长淮卫镇以系统性思维为引领，全力推进高质量发展，聚焦关键领域，强化要素保障，精准发力、成效显著。

建立长淮卫镇重点项目库和小微项目库，31 个重点项目总投资 27.45 亿元，17 个小微项目总投资 490 万元。此外，还积极申报专项债和特别国债项目 3 个，形成梯次推进、持续发力的项目储备体系，以更多真金白银支撑长淮卫镇高质量发展，为镇域经济的持续发展奠定了坚实基础。

要素保障是推动经济社会高质量发展的关键。2024 年，长淮卫镇全年完成 18 个征迁项目，征收土地 1217 亩，拆除房屋 6.9 万平方米，为重大项目的用地需求提供了坚实保障。在创新企业服务机制方面，长淮卫镇建立全镇企业信息库，实施"一项目一专员"的跟踪服务模式，及时为企业解决各类问题。同时，通过举办专场招聘会和开展校地合作等方式，有效解决了企业的用工难题。在城乡基础设施建设方面，实施县乡公路升级改造工程，完成农田水利工程和灌溉沟渠整治工作，建设村民文化广场和美丽庭院示范街区，乡村人居环境得到了极大的提升。

基层治理和民生保障事关人民群众切身利益，是促进共同富裕、打造高品质生活的基础性工程。长淮卫镇建成公益性公墓一期，完善了就业促进和困难群众保障机制，实现了城乡居民医疗保险的全覆盖。在安全生产领域，建立常态化检查机制，定期开展应急演练和隐患排查工作，筑牢了安全防线。此外，该镇还创新社会治理模式，通过"包片包村""镇长接待日""板凳会"等方式，有效化解矛盾纠纷，信访总量持续下降。全面推广"数字乡村"建设，增设"云眼"监控，辐射土地1300余亩。在生态环境治理方面，引入专业力量，大力整治污水直排问题，实现秸秆禁烧"零火点"，拆除违法建设，显著改善了环境质量，形成了生态保护与经济发展的良性互动格局。

创未来：深化产城融合　打造发展新样板

在长期发展实践中，长淮卫镇积累了弥足珍贵的经验——始终以群众的期盼作为努力的方向，以问题导向谋划发展路径，这也成为该镇不断前进的动力源泉。放眼未来，长淮卫镇将立足既有基础，聚焦关键领域，精准施策，在传承与创新中坚定不移地走好高质量发展之路。

产业振兴始终是长淮卫镇发展的首要着力点。长淮卫镇将依托临港产业园广阔发展腹地，与中国传感谷形成联动发展态势，加快产业升级，通过优化要素配置、强化政策引导，吸引更多关联企业集聚发展。同时，重点围绕产业链的关键环节，深化服务内涵，帮助现有企业提升技术研发能力，推动上下游企业建立紧密协作关系，让园区逐步形成更具韧性、更具竞争力的产业生态。

农业领域，将加大智能农机的推广力度，完善农业科技服务体系，引导农户发展绿色种植、生态养殖，通过技术赋能实现传统农业的提质增效，让农业产业焕发出新的生机与活力。

城市建设管理关乎群众的切身感受，长淮卫镇坚持以系统思维推进基础设施升级，重点完善交通路网、雨污分流等基础工程，合理布局社区公园、文化场馆等公共空间，为居民提供更加便捷、舒适的生活环境。同时，在背街小巷整治、市容环境维护等方面建立长效机制，通过数字化手段提升管理效能，让整洁有序的城市环境成为常态。未来，该镇将始终秉持"建管并重"的理念，在完善硬件设施的同时，更注重培育市民的文明素养，让城市品质的提升既有"面子"，又有"里子"，真正实现城市的内涵式发展。

乡村振兴是长淮卫镇矢志不渝的奋斗目标。在巩固人居环境整治成果的基础上，长淮卫镇将重点健全常态化管护机制，充分激发村民参与乡村治理的内生动力。持续完善农村道路、水利等基础设施，推动教育、医疗等公共服务资源向基层延伸，让广大农民群众享受到更多的发展成果。积极探索农旅融合的新路径，培育特色种植、休闲农业等新业态，让美丽乡村既有生态颜值，更有发展价值。值得一提的是，该镇将着重培育新型职业农民队伍，为乡村振兴注入持久的人才动能，让乡村发展充满活力与希望。

干部队伍建设是事业发展的根本保障。长淮卫镇将深化能力提升工程，通过专题培训、实践锻炼等多种方式，增强干部的专业素养。完善考核评价体系，建立重实干、重实绩的激励机制，营造担当作为的浓厚氛围。坚持把服务窗口前移，推动干部常态化深入企业车间、田间地头，在一线发现问题、解决问题，用实际行动践行初心使命，为长淮卫镇的发展提供坚强的组织保障。

站在新的发展起点上，长淮卫镇将以深化产城融合为核心目标，以强化科技创新为强劲驱动，致力于打造成为皖北地区具有广泛辐射力的现代化新型城镇发展样板，为乡村振兴战略的全面实施提供极具价值、可资借鉴的实践经验。

天长市金集镇：
茉莉歌乡展新颜 魅力金集谱新篇

金集镇，位于安徽省滁州市天长市东南端，地处长三角中心区，与江苏省南京市、扬州市一衣带水、紧密相连。近年来，金集镇连续 7 年税收超亿元，先后获得国家森林乡村、省汽车零配件产业集群专业镇、省卫生镇、滁州市文明村镇、滁州市先进党组织、滁州市级生态乡镇、滁州市平安乡镇等荣誉。

聚力工业升级，构筑兴业金集新高地

金集镇坚持"工业强镇"不动摇，开足马力拼经济，不断做优产业存量、做大项目增量。

架梯搭桥，打造经济"主引擎"。规划工业园区 6 平方千米，投资约 8000 万元建设标准厂房 3.8 万平方米，配套建设镇级消防所及工业污水处理厂，完成 35 千伏电力设施改造，环境监测、应急防控等能力进一步提升。现有中小微企业 212 家，其中规上企业 47 家。2024 年，完成规上工业总产值 36.12 亿元，增速 12.9%；增加值 7.03 亿元，增速 10.9%；固定资产投资额 6.98 亿元，增速 118.1%。新增亿元企业 1 家，总数达 9 家。

培土育苗，注入发展"源动力"。发挥省汽车零配件产业集群专业镇优势，采用"政府+链主+园区"模式，依托龙头企业带动产业链上下游集聚，已初步形成以轨道交通及汽车配件制造、新材料两大支柱产业为主，以玩具制造、电子信息、矿产加工三大产业为辅的"2+3"新型产业体系。近 2 年，实施省重点项目 13 个，省集中开工项目 5 个，亿元以上项目新签约 9 个，新开工 7 个，新投产 6 个。其中总投资 55 亿元的众鑫新能源汽车电机项目一期顺利投产，是比亚迪、一汽、吉利等新能源车企的优秀供应商；投资 5 亿元的京发电子铝基覆铜板项目在天长市首届合金材料产业发展峰会上签约成功，产品"铝基板"获评"安徽工业精品"；投资 5.4 亿元的兴天矿业项目已提前竣工投产。因工作扎实，金集镇被评为天长市"双招双引"先进集体。

精准服务，擦亮营商"金招牌"。打造"亭满意·天一流·金如意"营商环境，推进政策"免申即享"力度，梳理和研究上级部门对企政策，制作惠企政策宣传系列动画 15 期，变惠企政策"大水漫灌"为"精准滴灌"。在惠企政策引领下，企业主动拓展开放格局，新增外贸实绩企业 4 家（总数 19 家），超百万美元企业 3 家，外贸进出口总额 2058 万美元，同比增长 40.4%，区域经济国际竞争力显著提升。

深化改革创新，释放活力金集新动能

唯有改革才有出路，改革要常讲常新。近年来，金集镇在拓宽村集体经济增收路径、培育新质生产力等方面大胆试、勇敢改，闯出了一条新路、好路。

富民强村争一流。打造"村集体增收、村民创收、企业盈收"共富新场景，建设村企联建产业园 350 亩，带动 500 多村民就业，探索发展壮大村集体经济，组织创办公司 2 家，村级集体经济收入连续 2 年超千万元且村均超百万，农村居民人均可支配收入达 2.9 万元，远超全省平均水平。

科创汇才打前站。培植"产业林"、点亮"科技树"，在上海、南京打造"科研飞地"，引进博士学历以上人才 2 人，实现了"研发在长三角、制造在金集"，让更多创新成果从实验室走向生产线、科技发明从"书架"走向"货架"。经过多年梯度培育，现有国家级专精特新小巨人企业 2 家、国家级高新技术企业 18 家、省级专精特新小巨人企业 7 家、省级数字化车间 1 家，艳阳成为 2024 年全市唯一入选省级制造业单项冠军培育库企业。

集约发展出新招。扎实开展省全域土地综合整治试点工作，完善农村宅基地"1+3+N"制度体系，盘活农村闲置宅基地和住宅 105 宗，获得集体建设用地 988.3 亩，有力保障一批重点项目落地。探索"工业上楼"新型产业空间模式，投资 3.3 亿元的仟梢机械项目，新建多层厂房 40000 平方米，容积率位居天长前列。

深耕农旅融合，绘就山水金集新画卷

金集镇坚持在生态塑形、文化铸魂上下功夫，不断打造休闲农业、乡村旅游新业态。

农业农村基础实。全镇承包地共 7.38 万亩，流转 7.04 万亩，土地流转率达 95.39%，规模农业经营主体 197 家，其中龙头企业 4 家，国家级示范社 1 家，省级示范社、示范家庭农场各 2 家。2024 年，完成谕兴社区、草西村、头墩村等 9 个村超 6 万亩高标准农田改造项目，完成二峰总站灌区四级站主渠道 9.2 千米、支渠道 26.8 千米改造，建设"今冬明春"水利工程，清淤小水库 10 面、当家塘 7 面，综合提升农业生产效能。

乡村文化魅力足。组建"鲜花调"传唱小班。深挖传统民俗和乡间美德，通过唱、说、写、传开展理论宣讲、送戏下乡等活动 60 多次，依托 8 支"金"字招牌志愿队伍，开展交通引导、养老托幼、环境整治等志愿服务 50 多次，马塘村林业组新时代文明实践点"板凳议事会"的做法得到中央文明办二局调研肯定。

休闲旅游势头猛。学习运用"千万工程"经验，完成 9 个中心村建设工作，覆盖率达 82%，其中全省首批和美乡村精品示范村 1 个、省级和美乡村中心村 2 个，代表滁州承办全省"千村引领、万村升级"工程调度现场会。积极打造"山水井亭"品牌，成功招引社会投资 8 亿元，建成占地 1200 多亩的草庙山北山茉莉花休闲养身度假区。探索"旅游+直播"融合发展新路径，利用网红助播、爆品打造、差异化选品等方式，与 40 多家网络电商进行战略合作，2024 年草庙山茶叶、金家集菜籽油、白塔湖风鹅等系列产品带货交易额超千万元。金集先后被评为省优秀旅游乡镇、省特色景观旅游名镇、省森林城镇。"岭上云居·乡雨村墅"入选全省首批皖美金牌民宿，是天长唯一获评的项目。

坚持惠民利民，奏响和谐金集新乐章

金集镇始终把为群众办实事作为基层治理重中之重，保持社会大局和谐稳定、风平浪静。

以"茉莉花调解"为核心，推动基层治理做好做亮。深化运用"茉莉花调解工作法"，打造"为民服务"一条街，设置 12 类综合办事窗口，推行"前台综合受理、后台分类审批、综合窗口出件"的集成服务模式，实现"一窗受理、集成服务"。建成镇"一站式"矛盾调解中心，建立健全 86 个网格，探索建立"五事工作法"（干部问事、村民说事、集中议事、及时办事、定期评事），形成闭环式问题解决机制。2024 年全镇排查各类矛盾纠纷 742 起，化解率达 99.58%，实现了"零进京、零赴省"的双零目标，获滁州市信访工作"三无"乡镇称号，基层效能显著提升。

以民生实事为抓手，推动共同富裕走深走实。坚持民生导向，通过项目化推进持续提升民生保障水平，连续4年在人代会票决镇级民生实事，"十四五"期间投资超300万元实施镇敬老院提升改造工程，建成并有序管理运营谕兴、仓房、头墩3个村（社区）的养老服务站及老年助餐点，每年服务超7千人次，构建起"镇有敬老院、村有服务站、日常有助餐"的多层次养老服务网络。

以重点项目为支撑，推动镇村建设提品提质。聚焦城乡融合发展，大力推进基础设施补短板工程，全面完成城乡供水一体化一、二期项目，铺设供水管网147千米，实现城乡供水一体化，有效解决群众饮水安全问题。持续加码农村公路建设，在全市率先完成建设首批农村道路畅通民生工程，打通了服务当地群众"出行难"的最后一公里，受到当地村民一致好评。大力推进和美乡村建设，持续深化农村人居环境综合整治，完成金集镇农村黑臭水体整治，农村卫生厕所覆盖率达93%，后续管护服务实现镇村全覆盖。

挺立潮头开新局，云帆高悬展宏图。淳朴勤劳、重信首诺、勇毅前行的4万金集人民，将深入学习贯彻总书记考察安徽重要讲话指示批示精神，以最真挚的情感、最务实的作风、最高效的服务，共同将金集镇打造成为充满活力、更有实力、最具魅力的现代化和美乡村。

鸠江区沈巷镇:
"智"造重镇新故事 "治"慧小镇大文章

沈巷镇,位于芜湖市西北部,2004年4月,原螺百镇整建制并入。2005年12月,原雍镇乡整建制、五显集镇大部分并入。2010年5月,省政府在沈巷境内设立江北产业集中区起步区。2011年8月整建制划入芜湖市鸠江区。现辖17个行政村和6个社区,总面积238平方千米,人口约13.8万人。先后获得全国文明镇、全国重点示范镇、国家级创建无邪教示范镇、安徽省首批扩权强镇试点镇、芜湖市"四好农村路示范镇"、芜湖市人居环境整治示范镇称号、芜湖市"两强一增"示范镇。

"智造"引擎轰鸣:古镇崛起汽车"芯"高地

雄踞八百里皖江南北交通枢纽咽喉要道,历来农业发达、商贾云集、商贸繁荣——提及鸠江区沈巷镇,江北重镇、农业大镇是最常见的评价。谁能想到，一个以优质粮油棉和无公害蔬菜闻名的"鱼米之乡"，如今竟成了智能网联汽车零部件产业的"热土"？沈巷镇的产业转型，是一场精心布局的"智"胜棋局。

孵化"梦工厂"。近年来，沈巷以汽车零部件产业布局为核心，全力推动经济高质量发展。通过精心规划园区建设，沈巷正逐步构建一个产业布局集中、功能集群化、定位互补的高端汽车产业示范区，为经济增长注入强劲动力。在智能网联汽车零部件配套产业园内，已建成的产业孵化中心一期项目成果丰硕。目前入驻项目7个，入驻率高达90%，其中，延锋、励源、新洛、艾龙森4家企业在2024年成功跃升为规上工业企业，成为支撑经济发展的新锐力量。下一步，智能网联汽车零部件配套产业园产业孵化中心扩建项目拟全面开工，累计投资已超9亿元。

老树发"智"芽。传统制造业在沈巷绝非夕阳产业，而是焕新的沃土。在产业升级浪潮奔涌的时代背景下，沈巷立足产业基础、顺应发展大势，主动作为，通过引导和扶持企业"机器换人""生产换线""管理换脑"，加速新旧动能转换。2024年，一场以"智"为核的技改热潮在此涌动：上铁轨道板引入智能机械臂提升精度效率，轻度家具应用柔性生产线实现个性定制……全年技改投资完成2400万元，同比劲增82%。这不仅是数字的跃升，更是生产线上效率与品质的协奏曲，是老厂房里奏响的智能新乐章。以推动技改为抓手，沈巷将进一步推动产业向高端化、智能化、绿色化迈进。

培育创新"苗"。产业的繁荣发展离不开创新生态的持续优化。沈巷多措并举，着力畅通政企互动机制，制度化开展"共话沈巷"系列活动，搭建常态化沟通平台，有效促进政策传导与诉求响应。大力激发市场主体活力，全年新登记市场主体达 1066户，同比增长 35%。积极培育优质企业梯队，成功新增"四上"企业 15 家（其中新晋规上工业企业 7 家），并新增科技型中小企业 2 家。强化政策资金精准引导，全年精准拨付各类政策扶持资金共计 1410 万元，切实助力企业纾困解难、提质增效。加强产业人才引育力度，成功引进高层次创新创业团队 1 个，新增高技能人才 49 人。通过多种途径盘活低效用地 125 亩，为承接优质项目和未来发展预留了宝贵空间载体。

圩田"生"新翼：沃野智绘振兴新画卷

根植于宋代圩田智慧的沃土，沈巷以实施乡村全面振兴战略为抓手，乡村正焕发新时代的蓬勃生机，一幅绿意盎然的振兴画卷在长江之滨徐徐铺展。

沃野"丰"景好。农业现代科技应用水平显著提升。沈巷省级现代农业产业园核心区域 2500 亩蔬菜设施更新改造项目已启动实施。"小老海"省级数字渔场建成投用，显著提升传统水产养殖的智能化水平和生产效率。"芜湖大米"智慧农业示范区创建推进有序，9.2 万亩高标准农田筑牢了粮仓根基，优质稻米产业进一步深化。农产品电商销售势头强劲，全年实现销售额 5000万元。新增限上农产品电商企业 2 家，带动"鸠江辣椒""鸠江玉米""鸠江毛豆"等特色农产品线上销售。"三亩乡田"电商团队年销售额超过 2000 万元，有效扩大"江北菜篮子"农产品的品牌影响力和市场覆盖面。

遍享"生态美"。沈巷坚持把"千村引领、万村升级"工程作为推进农业农村现代化的"一号工程"，持续开展和美乡村建设，双河徐村等 3 个中心村、凤城彭马等 15 个宜居村庄绽放新颜，构成乡村画卷中的靓丽节点。积极实施农村人居环境整治，解决了丰圩等 10 个行政村的生活污水直排问题。消除五显集社区南街河冲等 10 条黑臭水体，户厕改造提升 7427 个，农村危房改造 15 户。提升农田水利工程，90 条水系、31 千米河道得到疏浚治理，113 座新建桥涵贯通水利命脉，确保了发展的血脉畅通。

推动"共同富"。健全防返贫动态监测和帮扶机制，坚决守住不发生规模性返贫底线。扎实推进耕地保护与土地整治工作，含复垦、地力恢复等，耕地流转率达 82%，有效提升了土地利用效率和产出效益。"保圩育秧工厂""四连农事服务中心"等 38 个村集体项目建成运营，带动村均集体经济收入达 233 万元，同比增长 2.6%。"新坝""迎江"等村集体经济合作社实现分红，有效增加了村民财产性收入，共享集体经济发展成果。

"治慧"绣春色：精织民生幸福新图景

沈巷的治理，正借力数字化，绘就更高效、更温暖、更宜居的民生图景。在裕溪社区，"智能安防系统"默默编织安全网，用科技守护居民安宁。这背后，是 2024 年扎扎实实的 50 项民生承诺落地生根。

春风化雨惠民生。沈巷持续织密筑牢民生保障网。在提升就业能力方面，全年累计组织开展职业技能培训 495 人次，有效增强劳动者的市场竞争力与岗位适应力。在拓展就业渠道方面，精心组织举办各类招聘活动 30 余场次，为劳动者与企业搭建高效对接平台，全年累计新增就业岗位超过 3000 个，有力保障就业规模稳定。在维护劳动权益方面，强化劳动监察执法，重拳出击整治欠薪行为，成功为劳动者追回被拖欠工资 200 万元。在兜底困难群体方面，健全完善社会救助体系，全年累计精准发放各类救助补助资金 3700 余万元，有效发挥社会保障"安全网"和"稳定器"作用。

"一老一小"享关爱。秉持"民生无小事"理念，沈巷将"一老一小"事业摆在突出位置，倾情守护生命两端。在养老服务领域，新增专业养老机构 2 家、养老床位 183 张，有效缓解高品质养老服务的刚性需求。在托育服务供给上，积极回应群众期盼，新增 1 家规范化托幼机构，为婴幼儿提供安全、专业的照护服务。在健康关怀层面，坚持普惠共享，组织 1611 名适龄妇女参加"两癌"免费筛查，提升早诊早治率。为 8000 余位老年人提供免费健康体检，将疾病预防关口前移。在医疗能力提升方面，鸠江区人民医院主体工程顺利封顶，标志着区域重大医疗基础设施建设取得突破性进展。

宜居小镇焕新颜。聚焦宜居环境建设，取得显著成效。水环境治理方面，57 个自然村生活污水问题得到根本解决，10 条黑臭水体全面消除，乡村水生态持续改善。居住条件提升方面，完成 562 户农村户厕改造和 15 户危房改造，有效保障了村民住房安全与卫生水平。基础设施完善方面，蒋安路、新裕路共计 16.2 千米道路完成升级改造，大幅改善了区域交通通行条件。生态环境守护方面，严格落实长江"十年禁渔"政策，持续强化秸秆禁烧管控，区域空气质量持续改善，稳居全市前列。此外，建成首个"口袋公园"提供公共休憩空间，新增规范停车位 89 个，完成 738 户液化气罐改管道天然气工程，进一步提升了镇区生活便利性与安全性。

从宋代圩田的智慧，到今日"智造"的浪潮；从长江之滨的"鱼米之乡"，到智能网联汽车的产业高地；从充满温情的村庄社区，到推动百姓致富的重要平台——沈巷镇，这座千年古镇，正以"智造"与"治慧"的双重引擎，驱动着产业升级与基层治理的深刻变革。它用实践证明，传统与现代可以和谐共生，产业强镇与宜居家园能够完美统一。当智能工厂的机械臂高效舞动，当"三亩乡田"的包裹飞向全国，当社区里关怀的暖流静静流淌，沈巷的未来图景，已然在这片充满希望的土地上徐徐展开，更加夺目，更加动人。

鸠江区二坝镇：
打造产业新城　建设江北主城

　　二坝镇，芜湖江北门户，与主城区隔江相望，是芜湖"跨江发展"的主战场、江北新区建设的核心区，区域面积 114 平方千米，常住人口 9 万人。二坝镇拥有 30 千米长江岸线，承载着芜湖"跨江发展"的战略使命。这座曾以农业闻名的乡镇，牢牢抓住江北新区开发建设的战略机遇，以征迁促发展，正在实现从农业腹地到产业新城的华丽蜕变。

破局开新：坚持问题导向　吹响改革号角

　　问题是时代的声音，更是改革的号角。2022 年初，面对落后、压力、困惑、难题，二坝镇坚持以调查研究找准问题作为敲门砖，镇党委主要负责同志带领班子成员用一个多月走遍全镇每一个村居、跑遍每一处征迁现场，又用一个月左右时间同镇村干部、退休老同志、"两长"等广泛开展谈心谈话，在调查研究、广泛听取意见的基础上，科学研判形成共识：破解二坝之困，必须抓住主要矛盾和矛盾的主要方面破困局、破僵局。他们紧紧围绕鸠江区"冲刺千亿、跻身百强区、勇当高质量发展开路先锋"的目标任务，聚焦"现代化新主城"定位，以"没有退路才有出路"的决心，以"一锤接着一锤敲"的耐心、"一关接着一关闯"的信心，提出"1242"的发展思路。

"1"：牢牢抓住党的建设这一条主线，扛牢党委抓党建的主体责任。

"2"：突出征地拆迁、信访稳定两项重点工作，牢牢树立"征迁为零一切为零、稳定为零一切归零"的意识。

"4"：统筹经济发展、乡村振兴、民生福祉、社会安全四个方面工作的协调发展。

"2"：围绕"两为两争优"三年行动计划抓干部队伍建设，提供坚强的组织保障；围绕抓作风建设，提供坚强的纪律保障。

"1242"发展思路也正式成为每一个二坝人近些年来的工作抓手。

破题攻坚：推进城乡融合　绘就美美与共新画卷

抓住主要矛盾，解锁问题关键，才能破题攻坚。二坝镇党委政府重点聚焦建设"现代化新主城"和描绘"和美共富新画卷"，推进城乡融合，把城建设得更像城、把乡建设得更像乡，让城与乡各美其美、美美与共，重点围绕"以征迁促强城、以和美促兴村、以统筹促融合"三项重点工作，以点带面推动全局工作。

破解征地拆迁的第一难题。作为江北新区的头等大事也是首要任务，就是征地拆迁，全镇上下牢固树立"一年干几件事是政绩、几年干一件事也是政绩"的政绩观意识，几年如一日推进征地拆迁这一重中之重的工作，始终坚持越是事情"难干"，就越要大干。为了推进"天下第一难"的征收工作，2022 年，二坝镇成立了征收指挥部，书记和镇长任指挥长，带领全体班子成员挂帅重点项目组组长。3 年来，二坝镇持续凝聚"征收为零一切为零"的共识、树立"抓征收就是抓发展"的意识，以鸠江征迁近 80％ 的体量啃下了"江北征迁看二坝"的硬骨头。在坚持征迁"不变"主题的同时，不断调整创新"变"的打法。从 2022 年全面推进的求量打法，到 2023 年保障项目及时落地的求快打法，到 2024 年突出"六个聚焦"的求精打法，再到 2025 年突出结转项目全面扫尾的求清打法，每一次调整都始终坚持实事求是、坚持围绕目标、坚持效果导向，3 年累计交地近 33000 亩、净地交付项目 117 个，保障了惠生联圩、华为、"中华数岛"、天马、楚江大道、吴越路等一批重点项目落地建设。同时，创新"揭榜挂帅"机制、"啃骨头、拔钉子"攻坚机制、分季开展集中攻势机制、合力攻坚机制等多种推动征地拆迁的工作机制。全镇上下以舍我其谁的精神主动担当作为，当好主人翁、守好主阵地、打好主动仗，做到江北用地计划指到哪里就拆到哪里、重点项目推进到哪里就征到哪里、项目需要哪里就干到哪里，坚决克服一切困难、排除一切干扰、想尽一切办法，以全员、全速、全力的良好征收态势，有力保障了江北新区建设。

答好乡村振兴的必答之题。始终把乡村振兴政治责任牢牢扛在肩上，按照"一圩一廊一村多品"的思路全面推进乡村振兴。"一圩"即惠生联圩。牢牢抓住"惠民"和"生态"两个关键词，以高水平的生态环境治理造福一方百姓。全力配合开发运营公司运用"三感三力"的全新思维，积极谋划富有芜湖特色的文体休闲活动，致力把惠生联圩打造成为近悦远来的城市生态公园和亮丽的"生态名片、文旅名片"。"一廊"即"天门碧水，惠生长卷"百里江堤生态风景廊道。统筹长江景观、自然景观、乡村景观、人文景观"四位一体"，串联布局"天门碧水营地、江风北梁之影、归鸠驿站湿地、惠生客厅长廊"等景观节点，形成长江大堤生态风景廊道样本。建设成江南江北相互呼应，促进长江鸠江段滨江生活的重要生态风景展示窗口和链接二坝镇新城建设区与江北乡村体系的重要游客纽带，成为生态与生活之间相互融合的江北会客厅，做到点上有精品、线上有风景、面上有形象。"一村"即天河村和美乡村建设。因地制宜发展农文旅融合产业，围绕"把准需求、盘活资源、服务为民"，打造"江北菜篮圩"特色农产品品牌。找准传统与潮流的结合点，挖掘合裕路旧时光、动漫潮流等文化元素，探索出乡村文旅的"破圈"之道。"多品"即激发本土优势做好"土特产"文章。推进水楼村江北葡萄标准化种植、康湾村淡水澳洲龙虾养殖，培育"天河小榨"特色菜籽油品牌；创新设立全区第一家镇级强村公司，探索多元合作方式，推进共享菜园、欢乐青年街等项目，持续增强"造血"功能，打造"共富"示范样板。

聚焦高质量发展的时代主题。抓牢江北新区建设机遇，瞄准"现代化新主城"目标定位，立足二坝未来谋划产业发展方向和自身发展定位。围绕北湾智能装备、智算经济、算力集群、现代服务业等产业链加大"双招双引"力度。积极争取江北新区支持，谋划建设镇本级北湾产业园、西湾配套园、前湾科创园3个镇属园区建设，提供更多的发展平台。抓好主要经济指标的调度，深入研究指标增长点、关键点、潜力点，继续扩大投资，补足工业、商贸、服务业及"四上"企业薄弱项，主要经济指标实现连续3年两位数增长。着力优化营商环境，坚持"1%工作法"，积极搭建政企交流平台，面对面倾听企业需求，点对点化解企业难题。创新服务保障机制，以城市化理念，加快城市化管理、城市化服务、城市化社区建设步伐。坚持在发展中保障和改善民生，以"50项民生实事"为抓手，将财政大幅度向民生领域倾斜，全力解决二坝群众"柴米油盐"的困难、"琴棋书画"的需求、"急难愁盼"的诉求。高标准做好第一家城市社区运行工作，探索"1245"工作法，创新打造"党聚'新邻里'　红帆扬'西湾'"党建治理品牌，形成"问题发现在网格、隐患消除在小区、风险洞察于事前、服务推动到身边"的网格管理新模式。持续完善基础设施建设，全面落实各项社会保障政策，扎实做好"一老一小"工作，让发展成果惠及更多群众。持续提升居民住宅小区物业服务、推进文明菜市场、优化农村环境及出行条件、做好社会保障，让群众在江北新区建设中的获得感成色更足、幸福感更可持续、安全感更有保障。

破茧成蝶：打造"省域强镇"　书写"主城崛起"新篇章

风雨洗征程，回眸满堂春。二坝镇不断夯实"稳"的基础、积蓄"进"的动能、强化"比"的意识、提振"拼"的勇气、争取"干"的主动，成绩单上密密匝匝罗列着"高光时刻"：

2022、2023 年，连续 2 年综合考核位列全区一等优秀，先后荣获芜湖市"一改两为"先进集体、市人民城市建设先进集体、文明创建工作先进镇及区"打造'八百里皖江第一区'"先进集体、区"两优一先"先进基层党组织、区经济运行先进单位、区"四个一号"工程先进集体、区征收工作先进集体等 20 余项荣誉称号；2023 年 9 月 24 日，入选"2023 中国中部地区乡镇综合竞争力百强"，排名第 88 位；2024 年 7 月 27 日，《安徽乡镇高质量发展报告（2024）》和《中国乡镇综合竞争力报告 2024》先后发布，二坝镇荣登榜单，分别位于第 41 位和第 81 位；2024 年 10 月 25 日，荣登"2024 中国镇域高质量发展 500 强"榜单第 309 位；2023 年 9 月以来，二坝镇域内"东数西算"国家节点芜湖数据中心集群项目 3 次登上央视新闻……

亮眼成绩的背后，是锤炼了一支担当作为创先争优的干部队伍。在区委薪火计划、头雁起飞、争星夺旗、百日实训等一套组合拳的引导下，二坝镇始终把"两为两争优"三年行动计划作为党的建设和干部队伍建设的"一号工程"牢牢抓在手上，干部状态、作风、精气神发生了历史性好转，在防汛、征迁、乡村振兴、经济发展、社会安全等重要工作中，涌现出了一大批敢于斗争、善于胜利、挺膺担当的党员干部。

仅仅在3年前，二坝还是一个以蔬菜种植为主的农业镇，盛产辣椒、西瓜等农产品，是长江之畔的一片绿洲。从曾经的农业小镇到如今的长江名镇、创业重镇、江北新镇、省域强镇，二坝镇用"没有退路才有出路"的决心，向外界递出了这4张闪亮名片，在劈波斩浪中交出了令人瞩目的"二坝答卷"。

从历史遗留的"困局"到破茧成蝶的"新局"，从"破局"到"破浪"，每一步都镌刻着初心与使命，每一次突破都凝聚着汗水与智慧。站在新的历史起点上，二坝镇将继续围绕"1242"发展思路，聚焦"现代化新主城"定位一张蓝图绘到底，以攻坚之志、为民之心、实干之笔，在长江之畔书写"主城崛起"的时代篇章，为芜湖打造省域副中心、鸠江跻身百强区贡献更多"二坝力量"。

郎溪县十字镇：
谱写"十字花开　四镇共建"新篇章

十字镇，地处郎溪县南部，紧邻南京、湖州、苏州等长三角重要城市，地理位置得天独厚。作为长三角（宣城）产业合作区、郎溪县"一区一园一港"重要板块，十字镇先后获得全国重点镇、国家级生态镇等荣誉称号，是安徽省经济发达镇行政管理体制改革试点镇。近年来，十字镇锚定"追赶江浙、争先江淮"目标，着眼于"郎溪南大门、县域副中心"定位，致力打造"十字花开　四镇共建"品牌（纺织名镇、和美村镇、运动小镇、效能活镇），实现了从"地域名气"到"发展名气"的转变。

围绕工业园区主战场，建设纺织名镇

十字镇将工业园区作为经济扩量主战场，以"强配套、提效益、促协同、优服务"为根本举措，举全镇之力建设园区，自

2021 年镇园合一以来实现了 4 个"明显提升"。

形象功能明显改善。通过编报专项债、项目贷，对园区环境开展综合整治。11 条园区道路实现沥青全覆盖，绿化、路灯、监控、停车场、景观小品同步完善，园区形象焕然一新。产城融合服务中心、绿色印染产业园、里昂生物质发电三期、经都污水处理二期等配套项目陆续建成，为园区发展筑牢根基。长合区十字园区扩区经都大道东段等 3 条主干道建设、永茂大道等改造相继竣工，路网框架进一步拉开。

企业信心明显提升。十字镇始终把优化营商环境作为"永不竣工的工程"，强化主体、主动、主责意识，每月定期开展访企行动，多方组织用工招聘，申报各类扶持政策，及时解决企业诉求，以"店小二"式的贴心服务赢得企业信赖。随着园区环境显著变化和长合区建设重大机遇，再叠加优良的营商环境，十字镇签约落地项目质量体量明显向好。近 2 年企业追加投资扩建项目达 36 个。目前，园区在建项目 40 个，总投资 108.3 亿元。2022年至 2024 年，共签约亿元以上项目 77 个、新开工亿元以上工业项目 87 个、新投产亿元以上工业项目 68 个。

发展质效明显增加。十字镇抢抓长合区郎溪片区十字园区扩区机遇，把增加十字园区发展扩面增量作为重要任务。2021—2024 年，园区规上企业由 53 家增至 111 家，规上工业产值由57.8 亿元增至 92.7 亿元，年均增长 17%；全镇税收由 1.5 亿元增至 4.3 亿元，年均增长 42%；进出口总额由 4880 万美元增至9323 万美元。

纺织产业明显繁荣。十字镇大力实施"四个一批"增产增税提质提效行动，从"工贸一体、扩能增产、四化改造、产品升级"4个维度，实行"一业一策、一企一策"精准扶持。注重延链补链，针对上游化纤原料、下游后整理、成品制造等环节，紧盯中高端服装家纺、汽车内饰面料等产业层次高、产业链全、产品附加值高的优质项目，重点攻坚"碳纤维复合材料"等新材料产品，大力向新求质。目前，纺织产业占园区比重升至66%，纺织企业亩均税收年均增长44%，30余家上下游企业实现了产品供给、互相配套，初步形成了"纤维—织造—后整理—深加工"的产业链。园区先后被认定为"安徽省县域特色产业集群（基地）""安徽省纺织外贸转型升级基地""全国纺织服装产业园区试点"。2024年6月，纺织材料特色产业集群被省发改委评为县域特色产业集群（基地）进步较快集群第一名。

围绕乡村振兴大文章，建设和美村镇

十字镇牢牢把握"和美"要义，推动巩固拓展脱贫攻坚成果和乡村振兴有效衔接，全力打造宜居宜业的和美村镇。

抓社会治理弘扬"和"。坚持党建引领"三治"融合，落实包村包组包户、"小板凳会议、民情夜谈"制度，完善基层网格化管理，及时回应群众关切，形成问题化解责任闭环。出台年度优秀和美村干、网格长表彰办法，让"和"文化蔚然成风。2021年荣获平安中国建设先进集体。同时，大力支持发挥商协会组织作用，十字商会连续多年获评为全国"四好"商会。

抓镇村创建生活"美"。高标准改造茶海路等，统筹 G235 示范廊道创建，同步开展 G318、建平大道和乡村道路"三线四边"整治。成功编报南部片区乡村振兴（EOD）项目及老旧小区改造工程项目，按照"现代商贸小镇"风格定位，稳步推进集镇城市更新及配套工程。建成滨河法治公园、水鸣三峡移民展示馆，成为十字镇新的"打卡点"。新和村、李村村等省市美丽中心村打造成效显著，新和绿道获评为"第二届全国美丽乡村路"；全省数字乡村试点工作位列省级乡镇组第 3 名。

抓产业振兴生产"美"。聚焦食品花木、茶果粮烟产业，"美丽花木·天际茶海"乡村振兴示范片区建设成效居全市前列；油茶产业入选省第十二批"一村一品"示范村主导产业，皖东南花木市场初具规模，年交易额约 2 亿元；全省示范施吴村 5G 蓝莓、天子门村茶叶基地等一批产业项目建成见效；村集体经济"百万强村"达到 3 个，新和村入选 2023 年全国农村集体经济发展村级典型案例（全省唯一），新和千亩樱花连续 5 年被央视报道；康龙油茶野奢营地人气火爆，三产融合发展势头强劲。

抓环保安全生态"美"。高度重视环保安全，总投资 8000 万元的镇生活污水处理厂及配套管网工程建成投运，成为全市样板，十字镇背街小巷雨污混流得到根本改变，长溪河腥臭味一去不复返；完成园区雨污管网改造提升和排水明渠建设。建成全县首个乡镇应急消防站。

围绕社会民生获得感，建设运动小镇

十字镇全面推进产城融合，以产业发展带动城镇建设，补功能短板、惠民生实事，千方百计让广大群众共享发展成果。

完善集镇功能配套。精心规划建设十字镇体育休闲公园，建成全民健身中心，成为广大居民健身休闲好去处。相继建成 4 个停车场、4000 余个停车位，新增路灯 300 余盏，实现集镇路灯全覆盖。多方争取支持，建成启用十字一小南大门，历时数十年的"歪门斜道"终成"阳光正道"；十字一小、二小停车场建设和教学楼改造相继完成；十字中学改扩建和一幼改造全面启动。

办好各项民生实事。2 个文明菜市现代化改造成为省市亮点；安民社区和敬老院老年助餐点建成运营；成立"救急难"互助社联合会；组织实施"放心家政"回炉培训；围绕园区企业需求做实就业促进行动，开展每月 10 日组织招聘、十字商会送岗进村入组等活动，每年招引回流外出务工人员 500 余人。建成城际公交转换站，支持十字卫生院建设全市医疗次中心，群众生活更为便捷。

加快教体融合发展。创新设立"四好"教育基金，近 5 年累计奖励 200 余万元，实现了十字教育"稳中提升"，十字中学初一本地招生比从 2020 年的 50% 上升到 2024 年的 80%，全镇在校在园学生近 4000 人，成为全市乃至全省乡镇学校"不减反增"的典型。2024 年十字中学实现为郎中输入 90 名学生（2 个班）

的目标。成立"十字花开"体育总会，全民健身中心获评"安徽省农民体育健身活动基地"；支持商会和总会成功举办长三角中心区篮球邀请赛、全省"公仆杯"乒乓球赛、全市武术锦标赛等一系列赛事，世界冠军郝帅亲临长合区乒乓球邀请赛现场指导开球，十字知名度、美誉度显著扩大。

助推商贸繁荣兴盛。随着园区发展带动，外来人口增多，近2年快餐巨头肯德基、瑞幸咖啡、古茗奶茶、沪上阿姨等知名门店纷纷进驻，电影院建成运营，高端酒店和商业综合体即将启动，商贸夜市烟火气愈发浓厚。

围绕干部队伍执行力，建设效能活镇

坚持党建引领，抓班子、强队伍，全面增强"职责任务马上就办、企呼我应马上就办、民呼我应马上就办"意识和氛围。

提升政治站位。坚持用习近平新时代中国特色社会主义思想凝心铸魂，扎实推动深入贯彻中央八项规定精神学习教育走深走实，坚定拥护"两个确立"，做到"两个维护"。创新开展"叩问初心"活动，强化广大党员政治素质、服务意识。

提质基层党建。以党建引领乡村振兴"走在前、创示范"行动为抓手，巩固扩面"红色跑堂""三美新和"等一批优质党建品牌，助推村（社区）书记充分发挥好"双带"作用。聚焦"一企一品"特色党建，扩大党组织在非公企业的覆盖面和影响力。

提速作风效能。深化党风廉政建设和"一岗双责"，严肃查处"微腐败"行为。建立"工作我能干·干部半月谈"活动机制，不断提升镇村干部"六项能力"（学习力、反应力、创新力、服务力、组织力、自律力），打造一支想干事、能干事、干成事、不出事的过硬团队。

展望新的征程，十字镇紧紧围绕全县"五年并进"战略，立足"郎溪南大门、县域副中心"建设，展现首镇作为，建设"双百园区"，推进镇场园"三位一体"，致力"四镇共建"，比学赶超勇担当，凝心聚力快发展，奋力谱写"十字花开四镇共建"新篇章！

附件　安徽乡镇综合竞争力前 300 名单（2025）

排名	城市	县（市、区）	乡（镇）
1	芜湖市	湾沚区	湾沚镇
2	芜湖市	繁昌区	孙村镇
3	阜阳市	界首市	田营镇
4	宣城市	广德市	新杭镇
5	合肥市	肥西县	桃花镇
6	六安市	舒城县	杭埠镇
7	芜湖市	繁昌区	繁阳镇
8	六安市	金寨县	梅山镇
9	芜湖市	无为市	无城镇
10	滁州市	天长市	铜城镇
11	芜湖市	鸠江区	二坝镇
12	合肥市	肥西县	上派镇
13	合肥市	长丰县	下塘镇
14	芜湖市	湾沚区	六郎镇
15	黄山市	徽州区	岩寺镇
16	淮北市	濉溪县	濉溪镇
17	阜阳市	颍上县	慎城镇
18	阜阳市	阜南县	鹿城镇

（续表）

排名	城市	县（市、区）	乡（镇）
19	滁州市	全椒县	十字镇
20	淮南市	寿　县	寿春镇
21	蚌埠市	固镇县	谷阳镇
22	芜湖市	繁昌区	新港镇
23	安庆市	怀宁县	高河镇
24	亳州市	利辛县	城关镇
25	合肥市	巢湖市	银屏镇
26	马鞍山市	雨山区	银塘镇
27	蚌埠市	市经开区	长淮卫镇
28	芜湖市	湾沚区	陶辛镇
29	芜湖市	南陵县	籍山镇
30	芜湖市	无为市	高沟镇
31	合肥市	长丰县	双墩镇
32	滁州市	全椒县	襄河镇
33	合肥市	蜀山区	井岗镇
34	芜湖市	湾沚区	花桥镇
35	滁州市	定远县	定城镇
36	安庆市	潜山市	梅城镇
37	马鞍山市	博望区	博望镇
38	合肥市	肥东县	撮镇镇
39	滁州市	来安县	新安镇
40	马鞍山市	含山县	环峰镇
41	宿州市	砀山县	砀城镇
42	合肥市	肥东县	店埠镇
43	淮南市	凤台县	城关镇
44	芜湖市	繁昌区	荻港镇

（续表）

排名	城市	县（市、区）	乡（镇）
45	铜陵市	义安区	东联镇
46	宣城市	郎溪县	十字镇
47	宿州市	灵璧县	灵城镇
48	芜湖市	湾沚区	红杨镇
49	合肥市	肥西县	花岗镇
50	池州市	东至县	尧渡镇
51	安庆市	太湖县	晋熙镇
52	蚌埠市	五河县	城关镇
53	马鞍山市	当涂县	年陡镇
54	宣城市	泾县	泾川镇
55	宣城市	郎溪县	新发镇
56	宣城市	宣州区	狸桥镇
57	安庆市	怀宁县	马庙镇
58	宣城市	广德市	邱村镇
59	马鞍山市	当涂县	太白镇
60	六安市	金安区	三十铺镇
61	阜阳市	太和县	城关镇
62	铜陵市	义安区	顺安镇
63	合肥市	肥西县	紫蓬镇
64	芜湖市	繁昌区	峨山镇
65	芜湖市	南陵县	许镇镇
66	淮南市	田家庵区	三和镇
67	马鞍山市	和县	姥桥镇
68	黄山市	屯溪区	新潭镇
69	马鞍山市	当涂县	姑孰镇
70	合肥市	长丰县	岗集镇

（续表）

排名	城市	县（市、区）	乡（镇）
71	滁州市	来安县	汊河镇
72	马鞍山市	博望区	丹阳镇
73	滁州市	天长市	冶山镇
74	芜湖市	无为市	石涧镇
75	六安市	霍山县	衡山镇
76	合肥市	肥东县	包公镇
77	合肥市	肥西县	官亭镇
78	芜湖市	南陵县	弋江镇
79	铜陵市	义安区	五松镇
80	宣城市	广德市	誓节镇
81	合肥市	庐江县	庐城镇
82	安庆市	岳西县	天堂镇
83	淮南市	凤台县	毛集镇
84	合肥市	庐阳区	大杨镇
85	安庆市	市经开区	老峰镇
86	合肥市	肥东县	马湖乡
87	安庆市	迎江区	龙狮桥乡
88	安庆市	怀宁县	月山镇
89	铜陵市	义安区	钟鸣镇
90	合肥市	长丰县	吴山镇
91	滁州市	天长市	秦栏镇
92	池州市	青阳县	蓉城镇
93	合肥市	肥东县	石塘镇
94	马鞍山市	当涂县	黄池镇
95	合肥市	肥东县	张集乡
96	淮北市	濉溪县	百善镇

（续表）

排名	城市	县（市、区）	乡（镇）
97	滁州市	南谯区	乌衣镇
98	合肥市	肥西县	铭传乡
99	芜湖市	无为市	泥汊镇
100	安庆市	桐城市	新渡镇
101	安庆市	大观区	十里铺乡
102	淮南市	大通区	洛河镇
103	马鞍山市	和县	历阳镇
104	合肥市	蜀山区	小庙镇
105	阜阳市	太和县	肖口镇
106	池州市	东至县	大渡口镇
107	六安市	裕安区	平桥乡
108	淮北市	濉溪县	韩村镇
109	黄山市	屯溪区	阳湖镇
110	池州市	青阳县	西华镇
111	合肥市	肥东县	桥头集镇
112	滁州市	天长市	金集镇
113	合肥市	瑶海区	大兴镇
114	合肥市	长丰县	水湖镇
115	宣城市	郎溪县	梅渚镇
116	淮北市	烈山区	烈山镇
117	合肥市	肥西县	严店镇
118	黄山市	歙县	徽城镇
119	芜湖市	无为市	姚沟镇
120	芜湖市	鸠江区	汤沟镇
121	芜湖市	鸠江区	沈巷镇
122	亳州市	谯城区	十八里镇

（续表）

排名	城市	县（市、区）	乡（镇）
123	合肥市	肥东县	梁园镇
124	六安市	舒城县	城关镇
125	合肥市	肥东县	长临河镇
126	淮南市	寿县	安丰镇
127	安庆市	怀宁县	金拱镇
128	合肥市	巢湖市	炯炀镇
129	马鞍山市	含山县	林头镇
130	马鞍山市	当涂县	乌溪镇
131	芜湖市	南陵县	工山镇
132	宣城市	宁国市	港口镇
133	黄山市	歙县	桂林镇
134	六安市	霍邱县	城关镇
135	合肥市	肥西县	三河镇
136	安庆市	宿松县	孚玉镇
137	滁州市	天长市	永丰镇
138	滁州市	天长市	石梁镇
139	滁州市	天长市	仁和集镇
140	蚌埠市	怀远县	荆山镇
141	安庆市	潜山市	源潭镇
142	蚌埠市	蚌山区	燕山乡
143	宣城市	宁国市	中溪镇
144	铜陵市	枞阳县	枞阳镇
145	淮南市	寿县	双桥镇
146	芜湖市	南陵县	三里镇
147	淮南市	寿县	堰口镇
148	合肥市	包河区	淝河镇

（续表）

排名	城市	县（市、区）	乡（镇）
149	亳州市	蒙城县	乐土镇
150	马鞍山市	和　县	乌江镇
151	黄山市	祁门县	祁山镇
152	芜湖市	无为市	严桥镇
153	池州市	青阳县	九华乡
154	黄山市	徽州区	潜口镇
155	黄山市	徽州区	西溪南镇
156	淮北市	濉溪县	五沟镇
157	芜湖市	南陵县	家发镇
158	合肥市	肥东县	八斗镇
159	滁州市	南谯区	腰铺镇
160	淮北市	相山区	渠沟镇
161	合肥市	肥东县	白龙镇
162	滁州市	凤阳县	府城镇
163	安庆市	怀宁县	石牌镇
164	亳州市	涡阳县	曹市镇
165	马鞍山市	当涂县	石桥镇
166	合肥市	肥东县	古城镇
167	黄山市	屯溪区	奕棋镇
168	黄山市	屯溪区	黎阳镇
169	马鞍山市	和　县	白桥镇
170	芜湖市	繁昌区	平铺镇
171	黄山市	休宁县	海阳镇
172	铜陵市	义安区	西联镇
173	滁州市	定远县	吴圩镇
174	宣城市	广德市	柏垫镇

（续表）

排名	城市	县（市、区）	乡（镇）
175	蚌埠市	禹会区	长青乡
176	淮南市	谢家集区	望峰岗镇
177	宣城市	宣州区	孙埠镇
178	黄山市	黟县	碧阳镇
179	阜阳市	阜阳合肥现代产业园区	袁集镇
180	黄山市	屯溪区	屯光镇
181	合肥市	长丰县	陶楼镇
182	芜湖市	无为市	福渡镇
183	池州市	青阳县	丁桥镇
184	铜陵市	铜官区	西湖镇
185	黄山市	黄山区	甘棠镇
186	马鞍山市	博望区	新市镇
187	安庆市	桐城市	范岗镇
188	芜湖市	三山经济开发区	峨桥镇
189	黄山市	徽州区	呈坎镇
190	滁州市	天长市	汊涧镇
191	合肥市	长丰县	杨庙镇
192	六安市	裕安区	城南镇
193	淮北市	烈山区	古饶镇
194	蚌埠市	怀远县	榴城镇
195	芜湖市	南陵县	何湾镇
196	马鞍山市	和县	香泉镇
197	宣城市	旌德县	旌阳镇
198	阜阳市	颖上县	夏桥镇
199	蚌埠市	固镇县	任桥镇
200	池州市	贵池区	棠溪镇

（续表）

排名	城市	县（市、区）	乡（镇）
201	合肥市	长丰县	朱巷镇
202	池州市	青阳县	木镇镇
203	滁州市	凤阳县	刘府镇
204	六安市	霍邱县	新店镇
205	蚌埠市	龙子湖区	李楼乡
206	滁州市	凤阳县	小溪河镇
207	合肥市	肥东县	牌坊回族满族乡
208	滁州市	定远县	炉桥镇
209	合肥市	肥东县	陈集镇
210	亳州市	谯城区	古井镇
211	宣城市	泾　县	云岭镇
212	淮北市	濉溪县	临涣镇
213	铜陵市	义安区	天门镇
214	合肥市	庐江县	罗河镇
215	六安市	金安区	城北镇
216	合肥市	庐江县	同大镇
217	马鞍山市	雨山区	向山镇
218	滁州市	天长市	杨村镇
219	合肥市	巢湖市	夏阁镇
220	合肥市	肥东县	杨店乡
221	马鞍山市	和　县	善厚镇
222	池州市	石台县	仁里镇
223	宿州市	萧　县	白土镇
224	池州市	青阳县	新河镇
225	安庆市	宜秀区	大龙山镇
226	合肥市	肥东县	元疃镇

（续表）

排名	城市	县（市、区）	乡（镇）
227	安庆市	桐城市	金神镇
228	蚌埠市	五河县	临北回族乡
229	宿州市	萧县	圣泉镇
230	宿州市	埇桥区	朱仙庄镇
231	铜陵市	义安区	老洲乡
232	宣城市	广德市	东亭乡
233	芜湖市	无为市	泉塘镇
234	淮北市	杜集区	段园镇
235	合肥市	肥西县	山南镇
236	宿州市	泗县	泗城镇
237	黄山市	休宁县	万安镇
238	合肥市	肥西县	高店镇
239	蚌埠市	五河县	头铺镇
240	淮北市	杜集区	朔里镇
241	池州市	贵池区	梅街镇
242	芜湖市	鸠江区	白茆镇
243	滁州市	天长市	大通镇
244	滁州市	凤阳县	临淮关镇
245	宣城市	宁国市	梅林镇
246	池州市	东至县	香隅镇
247	宣城市	绩溪县	华阳镇
248	芜湖市	无为市	陡沟镇
249	蚌埠市	淮上区	吴小街镇
250	铜陵市	义安区	胥坝乡
251	六安市	金寨县	南溪镇
252	合肥市	长丰县	左店镇

（续表）

排名	城市	县（市、区）	乡（镇）
253	马鞍山市	和 县	功桥镇
254	宿州市	灵璧县	尹集镇
255	宿州市	萧 县	丁里镇
256	蚌埠市	淮上区	小蚌埠镇
257	淮南市	寿 县	瓦埠镇
258	六安市	霍山县	黑石渡镇
259	六安市	叶集区	孙岗乡
260	亳州市	涡阳县	义门镇
261	合肥市	庐江县	白山镇
262	铜陵市	郊 区	大通镇
263	合肥市	肥东县	响导乡
264	铜陵市	枞阳县	横埠镇
265	淮北市	濉溪县	刘桥镇
266	淮南市	潘集区	平圩镇
267	合肥市	巢湖市	柘皋镇
268	淮北市	濉溪县	孙疃镇
269	马鞍山市	和 县	西埠镇
270	淮南市	寿 县	大顺镇
271	六安市	霍山县	与儿街镇
272	合肥市	长丰县	义井镇
273	合肥市	庐阳区	三十岗乡
274	六安市	金寨县	油坊店乡
275	宿州市	萧 县	永堌镇
276	马鞍山市	含山县	铜闸镇
277	安庆市	桐城市	双港镇
278	芜湖市	无为市	赫店镇

（续表）

排名	城市	县（市、区）	乡（镇）
279	淮南市	凤台县	凤凰镇
280	蚌埠市	五河县	申集镇
281	六安市	裕安区	固镇镇
282	安庆市	太湖县	徐桥镇
283	宿州市	埇桥区	蕲县镇
284	淮南市	田家庵区	安成镇
285	池州市	青阳县	陵阳镇
286	滁州市	天长市	郑集镇
287	淮南市	大通区	九龙岗镇
288	合肥市	肥西县	丰乐镇
289	合肥市	包河区	大圩镇
290	合肥市	肥西县	柿树岗乡
291	芜湖市	南陵县	烟墩镇
292	合肥市	巢湖市	黄麓镇
293	合肥市	庐江县	冶父山镇
294	滁州市	凤阳县	大庙镇
295	马鞍山市	和县	石杨镇
296	淮北市	濉溪县	四铺镇
297	蚌埠市	固镇县	新马桥镇
298	马鞍山市	雨山区	佳山乡
299	阜阳市	阜南县	黄岗镇
300	亳州市	涡阳县	高炉镇